「改訂版 障害のある子どものための」シリーズ 5

改訂版
障害のある子どものための
図画工作・美術

大南 英明，吉田 昌義，石塚 謙二 監修
全国特別支援学級設置学校長協会，
全国特別支援学校知的障害教育校長会 編

東洋館出版社

シリーズ刊行に当たって

　特別支援学校，特別支援学級における教科の指導，とりわけ，知的障害のある児童生徒に対する教科の指導は，これまでに，全国各地において様々な実践報告，実践研究がなされ，多くの成果を上げてきている。

　このたび，学習指導要領の改訂を踏まえ，国語，算数・数学，図画工作・美術，体育・保健体育の各教科について，各学校におけるこれまでの実践の成果などをもとに，『改訂版　障害のある子どものための』シリーズを6冊で刊行することになった。

　特別支援学校，特別支援学級においては，個別の指導計画を作成し，それに基づいた授業を展開することが基本となっている。

　本シリーズでは，上記の各教科について，それぞれの教科について学習指導要領に示されている，目標，内容等について解説し，個別の指導計画に基づいた指導の具体例を紹介している。

　知的障害教育においては，各教科は，教育課程の編成上，教科別の指導，教科を合わせた指導，教科等を合わせた指導として位置付けられている。

　教科別の指導は，教科の内容を教科の時間を設け，児童生徒の生活に基づいた題材・単元を設定し，具体的に指導していく。

　教科を合わせた指導は，合科ともいわれ，複数の教科の内容を合わせて授業を展開するものである。例えば，生活，音楽，体育を合わせたり，生活，国語，音楽を合わせたりして授業を行う。

　教科等を合わせた指導は，これまで，領域・教科を合わせた指導と呼ばれていたもので，日常生活の指導，遊びの指導，生活単元学習，作業学習などがある。

　知的障害の特別支援学校，特別支援学級において教育課程を編成

する際には，児童生徒の学習の状態を的確に把握して，教科別の指導と教科等を合わせた指導とを適切に組み合わせることが望ましいとされている。

　本シリーズの実践事例では，上記のことを踏まえ，教科別の指導の実践事例と教科等を合わせた指導の実践事例を紹介している。

　本シリーズは，現在，特別支援学校，特別支援学級で直接児童生徒の指導に当たっておられる先生方だけでなく，これから教員になろうとしている方々，また，知的障害教育，特別支援学校，特別支援学級の教育に関心をおもちの方々にもぜひ読んでいただきたい内容である。

　ご多用のなか，本シリーズの企画，編集，執筆に当たられた関係者の皆様に心からお礼申し上げます。そして，企画，編集等，本シリーズの刊行にご尽力くださった東洋館出版社編集部の大場亨様にお礼を申し上げます。

　平成25年7月

監修者を代表して　大南　英明

目次

シリーズ刊行に当たって……1

障害のある子どもに対する図画工作・美術の指導の意義……7

表現

[特別支援学校・小学部] 材料や用具を工夫して作ろう……16

[特別支援学校・小学部] 身近なものを使って表現しよう……22

[特別支援学校・中学部] 自分の好きなことを表現しよう……28

[特別支援学校・中学部] 下級生に感謝の気持ちを表そう……34

[特別支援学校・高等部] びっくり！楽しい♪ポップアップ……40

[特別支援学校・高等部] プレゼントボックスを作ろう……46

[特別支援学校・高等部] デザインに挑戦しよう……52

[特別支援学級・小学校] おしゃれな「ふくろう」を作ろう……58

[特別支援学級・小学校] 共同制作「草のつるのジャングルジム」……64

[特別支援学級・小学校] 体全体を使い，材料を重ねたり並べたりして表すことを楽しむ……70

[特別支援学級・小学校] ○○学級ギャラリーに飾ろう……76

[特別支援学級・小学校] 学習している自分を絵に表そう……82

[特別支援学級・小学校] 絵の具の垂らし込み技法と酒井式描画法で表現しよう……88
[特別支援学級・中学校] コラージュで表現しよう……94
[特別支援学級・中学校] 墨が生み出す豊かな世界を味わおう……100
[特別支援学級・中学校] 知的障がい学級には，楽しくてチャーミングな題材を……106

鑑賞

[特別支援学級・小学校] つくろう！ ○○……114
[特別支援学級・中学校] 自分の作品や友達の作品を見よう……120
[特別支援学校・高等部] 自分の力で楽しもう……126

表現についてのいろいろなアイデア

あふれ出る子どもたちの表現……134
自信につながる技法の習得……142

アートストリート

駒込・ふれあいアートストリート……154

資料

図画工作・美術の具体的内容……160

◆執筆者一覧

障害のある子どもに対する
図画工作・美術の指導の意義

1 図画工作・美術の目標

「特別支援学校小学部・中学部学習指導要領」においては，知的障害特別支援学校小学部の図画工作，中学部の美術の目標を次のように定めている。

[図画工作]

> 初歩的な造形活動によって，造形表現についての興味や関心をもち，表現の喜びを味わうようにする。

[美術]

> 造形活動によって，表現及び鑑賞の能力を培い，豊かな情操を養う。

そして，特別支援学校高等部学習指導要領においては，知的障害特別支援学校高等部の美術の目標を次のように定めている。

[美術]

> 造形活動によって，表現及び鑑賞の能力を高め，豊かな情操を養う。

児童生徒の障害の状態,造形活動への興味・関心等により,児童生徒一人一人の表現,鑑賞の能力が異なる場合には,小学校学習指導要領に示されている図画工作の目標,中学校学習指導要領,高等学校学習指導要領に示されている美術の目標を使う必要が出てくることが予想される。特に,小学校,中学校の特別支援学級においては,小学校の図画工作,中学校の美術の目標を考慮する必要がある。

小学校［図画工作］

> 表現及び鑑賞の活動を通して,感性を働かせながら,つくりだす喜びを味わうようにするとともに,造形的な創造活動の基礎的な能力を培い,豊かな情操を養う。

中学校［美術］

> 表現及び鑑賞の幅広い活動を通して,美術の創造活動の喜びを味わい美術を愛好する心情を育てるとともに,感性を豊かにし,美術の基礎的な能力を伸ばし,美術文化についての理解を深め,豊かな情操を養う。

高等学校［美術Ⅰ］

> 美術の幅広い創造活動を通して,美的体験を豊かにし,生涯にわたり美術を愛好する心情を育てるとともに,感性を高め,創造的な表現と鑑賞の能力を伸ばし,美術文化についての理解を深める。

2 図画工作・美術の内容

「特別支援学校小学部・中学部学習指導要領」では，知的障害特別支援学校小学部の図画工作及び中学部の美術の内容を次のように示している。

◎図画工作の内容

○1段階
 (1) かいたり，つくったり，飾ったりすることに関心をもつ。
 (2) 土，木，紙などの身近な材料をもとに造形遊びをする。
○2段階
 (1) 見たことや感じたことを絵にかいたり，つくったり，それを飾ったりする。
 (2) 粘土，クレヨン，はさみ，のりなどの身近な材料や用具を親しみながら使う。
○3段階
 (1) 見たこと，感じたことや想像したことを，工夫して絵にかいたり，つくったり，それを飾ったり，使ったりする。
 (2) いろいろな材料や用具を工夫しながら，目的に合わせて使う。
 (3) 友達と作品を見せ合ったり，造形品などの形や色，表し方の面白さなどに気付いたりする。

◎美術の内容

(1) 経験や想像をもとに，計画を立てて，絵をかいたり，作品をつくったり，それらを飾ったりする。

(2) いろいろな材料や用具などの扱い方を理解して使う。
(3) 自然や造形品の美しさなどに親しみをもつ。

　「特別支援学校学習指導要領解説　総則等編（幼稚部・小学部・中学部）」では、「造形遊び」について、次のように解説している。
　そのなかでは、「造形遊び」の意味、遊びの取り入れ方など、図画工作における「遊び」の重要性についても解説してある。

　「造形遊びをする。」とは、身近な材料をもとにして、かいたり、つくったりすることであり、発達の未分化な状態にある児童の遊びとして展開される活動である。造形遊びは、主題がなく、素材に親しんだり、絵画につながるなぐりがきを楽しむような遊びから、身近にいる親や教師と一緒に、動植物、乗り物などを題材にする場合に適した材料を選択したり、必要な用具に興味をもったりするなど、意図的な活動が展開されるものまである。
　造形遊びでは、教師と一緒に、遊びながら、身近な人、もの、事象などに興味・関心をもち、造形活動と豊かな感性が相補的に高まっていくよう、その環境を整え、造形遊びが表現することへの動機付けになることを重視している。
　かく遊びについては、地面や壁、机や廊下の床板、新聞紙などが画用紙代わりになることもある。用具は、手指そのものであったり、棒切れなどたまたま手にしているものがペンやクレヨンなどの用具に代わったりすることもある。
　つくる遊びについては、素材そのものに触れて楽しむような遊びから、つぶす、伸ばす、ちぎる、丸める、破る、接合する、積み上げる、崩す、並べる、穴を開けるなど、造形材料の可塑性に気付き、造形の楽しさを味わうような活動が展開されるものまである。用具は、のりなどの接着剤や、握ったり、押

したりして使う簡易なものである。
　「造形遊び」は，児童の興味・関心に基づく活動を重視するので，いろいろなものにかかわる中で，これらをなめたり，かんだりすることもあると予想される。そこで，身近な自然物や人工物，用具などの衛生や，安全面に十分注意することが大切である。

また，鑑賞については，次のように解説している。

　鑑賞に親しむ態度を育てるには，校内や学級の適切な場所に，児童の作品や身近な生活の中にある造形品などを展示するなど，日常的に作品に触れる機会が得られるよう鑑賞の環境を整えることが大切である。

3 図画工作，美術の授業の展開

　知的障害特別支援学級及び特別支援学校における図画工作，美術の授業は，図画工作，美術の時間を設けて展開する教科別の指導と遊びの指導，生活単元学習及び作業学習として展開する教科等を合わせた指導（領域・教科を合わせた指導）として展開される場合とがある。いずれを取り入れるかについては，児童生徒の障害の状態，発達の段階等をもとに検討することである。

(1) 図画工作，美術の時間における指導

　図画工作，美術の時間における指導においては，生活科，国語科，社会科，音楽科，家庭科，特別活動，自立活動等と関連付けて指導することが大切である。
　本書の事例の多くは，図画工作，美術の時間における指導の展開

障害のある子どもに対する図画工作・美術の指導の意義　11

例である。

(2) 生活単元学習においての指導

生活単元学習は，教科等を合わせた指導（領域・教科を合わせた指導）の一つであり，模式図に示してあるように，図画工作，美術は，単元構成の一つの教科である。例えば，単元「運動会」や「学芸会」において，ポスターを制作する場合，単元の展開に応じて，役割分担をして制作することも考えられる。また，単元の終了に近い時期に運動会や学芸会の様子を共同で制作することもある。

単元「秋を探そう」を例にすると，次のような模式図ができる。

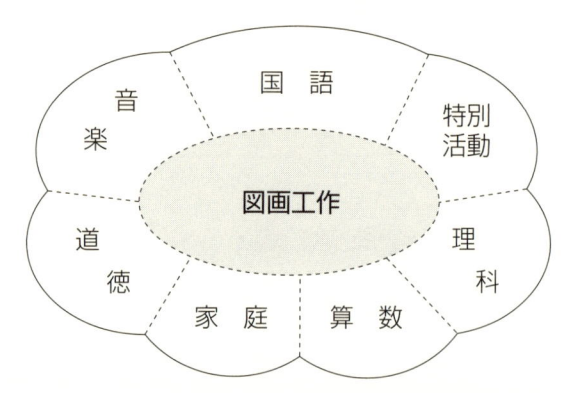

図画工作（中心）／音楽・国語・特別活動・道徳・理科・家庭・算数

4 図画工作，美術の指導に当たって留意すること

図画工作，美術の指導に当たっては，児童生徒の障害の状態，発達段階等を的確に把握し，柔軟に対応する必要がある。
○完成したものを最初から求めない。限られた時間内に完成したものを求める場合には，短時間で完成できる課題を提示する。
○形が描けない児童生徒には，形の輪郭を描いたものを提示し，ぬり絵の手法を使うことも考える。
○指，手，腕，上半身，全身を使う活動を取り入れるようにする。

○いろいろな素材を経験できるようにする。
○身近にあるいろいろな道具を使う経験をする。
○危険のないように環境を設定する。安全には，特に配慮する。
○鑑賞については，完成度の高い，芸術的に価値の高い作品等に触れる機会を設ける。本物がわかる児童生徒がかなりいることに配慮する。
○作品を教室，校内等に掲示することにより，自分の作品を見る，友達の作品を見て新たな発見ができるようにする。作品の掲示に際しては，細心の注意を払い，児童生徒の個性や人格を大切にする。

〈大南　英明〉

表現

特別支援学校・小学部

材料や用具を工夫して作ろう
～自分の思いを形にしよう～

1 ねらい

○材料や用具を選択して，考えたり工夫したりして自分の思いに合ったものを作ることができる。
○用具の用途を理解して，安全に用いることができる。
○自分の思いを表現することを楽しみ，自信をもって取り組むことができる。
○自分の作品で上手にできたところを発表したり，友達の作品に興味や関心をもって見たりすることができる。

2 学習活動

(1) **作りたいものをデザインする**
・乗り物を作ることを知り，心に思ったことを楽しんで絵に描き表す。
・どんな乗り物にしたいか尋ね，児童の思いや発言を引き出し，絵を描く楽しさを共有する。

(2) **用具を安全に使う**
・カッターやはさみ，テープの使い方を知り，用具を使って制作する。
・用具の便利さや危険性を伝え，示範したり手を添えたりして，正しい扱い方を指導する。

(3) **身近な材料で乗り物を作る**
・カッターで段ボールを切ったり，丸めたりしてタイヤを作る。
・牛乳パックや厚紙で人形やいすを作り，タイヤなどの部品を

ペットボトルに組み合わせる。

3 指導上の留意点

○児童は何事にも意欲的で，チャレンジ精神が旺盛である。また，様々なアイデアを出し，最初のイメージが変わることが予想される。児童の表現の意図を受け止めながら，工夫したいことや作りたいことを形にできるよう支援する。
○児童が活動内容を理解し，「一人でやってみたい」という意思を伝えたら，活動を見守りながら表現活動を十分に満たせるよう，制作時間を十分に確保する。
○用具をうまく扱えずに困ってしまい，苛立つことが考えられる。怒って気持ちを伝える児童には，落ち着いて話をするように伝える。手を添えて一緒にやることで，自信をもたせ自分でやってみるように励ます。
○制作の過程で児童が話す言葉をよく聞き，作る楽しさを共有しながら「やって楽しい」「もっとやりたい」という気持ちを育てるようにする。

4 題材名「ぼくの車を作ろう」

●ねらい
・車にはタイヤがあることを知り，段ボールを丸めてタイヤを作ることができる。
・材料や用具を選び，工夫して自分のイメージを形にすることができる。
・作品が出来上がっていく楽しさ，完成した喜びを感じることができる。
・自分の作品を大切にしたり，友達の作品のよさに気づいたりすることができる。

▶指導計画 (全5時間)

1　作りたい車を描く (1時間)
・車を作ることを知り,どんな車を作りたいのか教師に伝える。 ・自分が作りたい車の完成図を描く。
2　段ボールでタイヤを作る (1時間)
・タイヤを四つ作ることを知る。 ・カッターで段ボールを切ったり,ペンなどに巻き付けたりして,タイヤを作る。 ・カッターやテープを安全に扱う。
3　車を完成させる (3時間)
・ペットボトルの本体にタイヤを付ける。 ・牛乳パックや厚紙などの材料を使い,いすや人物,キャラクターなど,組み合わせたい物を付ける。 ・はさみやテープを使い,工夫して作る。

5 個別の指導計画

▶児童の実態

	Aさん	Bさん
知　識	・自動車にはタイヤがあること,身の回りには様々な形や色の乗り物があることを知っている。	・電車や自動車が好きで,身近な乗り物の名前を知っている。
表　現	・想像力が豊かで,作りたいものを次々に絵や工作で表すことができる。作りながら新しいことを思い付くことができる。	・具体的ではないが,作りたいものを言葉で伝えたり,絵や粘土で表したりできる。
用具の扱い	・用具の便利さ,危険さを理解し,目的に合わせて一人	・手先があまり器用ではなく,教師の支援を要する

18　表現

	で用具を扱うことができる。	が，用具の使い方を覚えて一人で扱おうとする。
学習状況	・様々な乗り物を知っており，車と飛行機を合体させた作品を作りたいという発展的な構想を発表した。 ・制作活動を楽しむことができるが，飽きやすく，雑になってしまうため，細かい部分を形にすることの困難さがある。	・車を作ることを知り，好きなキャラクターを乗せたいという意欲をもつことができた。 ・活動を楽しむことができるが，思い通りにならないことがあると苛立ってしまう。

●学習展開（第3時）

3 車を完成させる		
ねらい	Aさん	・段ボールで作ったタイヤを，両面テープやセロハンテープなどを用いてペットボトルに付けることができる。 ・厚紙や牛乳パック，竹ひごなどの素材を使って自分が作りたい部品を作り，工夫して組み合わせることができる。
	Bさん	・段ボールで作ったタイヤを，両面テープやセロハンテープなどを用いて教師と一緒にペットボトルに付けることができる。 ・厚紙や牛乳パックを使ったり，絵を描いたりして，自分が作りたい物を形にすることができる。

学習活動	個別の支援	
	Aさん	Bさん
1 あいさつをして学習の確認をする。	・授業の始まりを伝え，集中を促す。 ・前時に何を作ったか尋ね，完成に必要な用具を考えて準備するよう促す。	・前時に何を作ったか尋ね，はさみやテープなどを使うことを伝えて準備を促す。

材料や用具を工夫して作ろう　19

2 セロハンテープなどを使い、ペットボトルにタイヤを付ける。	・タイヤを付ける位置を考えながら作るように声かけし、活動を見守る。 ・難しいことや工夫したいことの質問には、一緒に考えながらできるだけ自分で取り組めるようにする。	・タイヤはどこに付いているか尋ね、わからない場合は写真を見せることでタイヤの位置を知らせる。 ・テープをうまく切れないなどの依頼には、手本を見せたり、手を添えて補助したりする。
3 他の材料を使い、自分のイメージを形にして車を作る。	・タイマーが鳴ったら活動を終えることを伝え、完成を目指してすてきな車を作ろうと意欲を喚起する。 ・色紙や厚紙、牛乳パックなどの材料を用意し、自由に組み合わせて車を完成するよう促す。	
	・作りたい部品をうまく作れないなどの要求には、どのような物を作りたいのか聞いて確認してから、作り方をいくつか提示する。	・好きなキャラクターを描き、切り取る際は切り取り線を書いて切りやすくする。 ・「これは○○だよ」という児童からの説明を聞き、作品への思いを受け止めながら支援する。
4 できたことを発表し、本時の活動を振り返る。	・制作でがんばったことや嬉しかったこと、楽しかったことを聞き、活動に対する達成感がもてるように称賛する。	
5 片付けをしてあいさつをする。	・はさみはケースにしまったり、のりのふたをしっかりと閉めたりしているかを確認する。 ・次時も完成を目指して作ることを伝え、意欲を引き出し、一緒にあいさつをする。	

6 評価

- テープでタイヤをペットボトルに固定することができたか。
- 材料や用具を使い，工夫しながら自分のイメージを部品などの形にすることができたか。
- 車の完成を楽しみにして，制作活動を十分に楽しむことができたか。

7 授業の様子

牛乳パックや好きな絵を組み合わせる

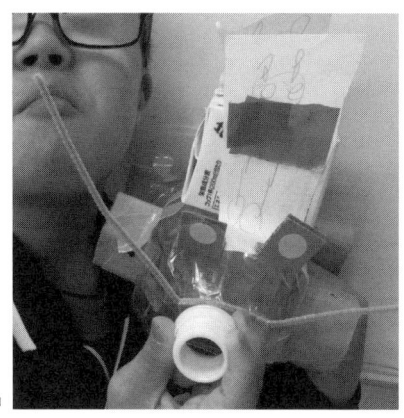

完成作品

〈谷地　美奈子〉

材料や用具を工夫して作ろう　21

特別支援学校・小学部

身近なものを使って表現しよう
~額縁を作って作品を飾ろう~

1 ねらい

○ 身近な素材に親しみ，版画や工作をするなかで表現する楽しさを味わう。
○ 版画の制作工程を理解して作る。
○ 作品を額縁に入れて作品展に出展し，鑑賞する。

2 学習活動

(1) 版画の作品を作る
 ・ いろいろな素材を選ぶ（紙，布，段ボール，プチプチシート，リボン，ひも等）。
 ・ 選んだ素材を好きな形や大きさに切って台紙に貼り，版を作る。
 ・ 2，3色のインキから好きな色を選ぶ。
 ・ 版にインキをつけ，刷る。

(2) 額縁を作る
 ・ 長方形に切った段ボール板4枚に好きな色のアクリル絵の具を塗る。
 ・ ドングリや木の枝など好きなものを選び，色を塗った段ボール板に貼る。
 ・ 上からスプレーペイントをかける。
 ・ 台紙となるボール紙の4辺に段ボール板4枚を貼りつけ，額縁にする。

(3) **作品展に出展する**
　・版画の作品を額縁に入れる。
　・校内の作品展や，副籍交流をしている小学校の展覧会に出展する。

③ 指導上の留意点

○何を作るのかが理解しやすいように見本を提示する。
○児童の実態に合わせ，同じ題材の中で活動に幅をもたせる。また，活動に集中しやすいようグループ編成や環境を工夫する。
○障害の特性から，まったく自由に表現することが難しい児童が多いので，材料や色などを数種類の中から選択する場面を設け，児童の意思決定ができるようにする。
○見通しをもって活動できるように，これまで何度か経験してきた版画の学習を取り入れ，一人で活動できる部分を増やしていく。

④ 題材名「額ぶちを作って作品を飾ろう」

●ねらい
・好きな素材や色を選んで，版画の作品や額縁を作る。
・版画を刷る工程を理解して，できるだけ一人で刷り上げる。
・色を塗る，ボンドで貼るなどの作業を丁寧に行う。
・自分が作った作品がわかり，愛着をもつ。

●指導計画（全4時間）

1　版画の版を作る

・紙，布，段ボール，プチプチシート，リボン，ひも等から好きな素材を選ぶ。
・選んだ素材を好きな形や大きさに切る。
・ボンドで台紙に貼り，版を作る。

身近なものを使って表現しよう　23

2 版を刷る
・2，3色のインキから好きな色を選ぶ。 ・ローラーで版にインキをつけ，刷る。 ・インキの色を変えたり重ねたりして2，3枚刷る。
3 額縁のパーツを作る
・長方形に切った段ボール板4枚に好きな色のアクリル絵の具を塗る。 ・ドングリや木の枝など好きなものを選び，色を塗った段ボール板に貼る。 ・上からスプレーペイントをかけ，乾燥させる。
4 額縁を組み立てる
・台紙となるボール紙の4辺に段ボール板4枚を貼り付け，額縁にする。 ・上部にひもを付けて結ぶ。 ・版画の作品を中に入れて飾る。

＊校内作品展や小学校の展覧会での作品鑑賞は別時間で設定。

5 個別の指導計画

●児童の実態

	Aさん	Bさん
表 現	・人の顔や電車など身近なものの大まかな形を描くことができる。 ・対象の色を選んで塗り分けることができる。 ・好みの色に固執することがある。	・クレヨンやペンでぐるぐるや線を描くことができる。 ・2種の中から好きな色を選ぶことができる。 ・画面の一部に重ねて描いたり貼ったりする。
材 料 用 具	・クレヨンや絵の具ではみ出さないように丁寧に塗ることができる。 ・刷毛やローラーも器用に操作できる。	・クレヨンや絵の具を口に入れてしまうことがある。 ・刷毛やローラーを大まかに動かして色を塗ることができる。

	・曲線の混じったやや複雑な形をはさみで切り抜くことができる。	・はさみで1回切りができる。
鑑 賞	・自分や友達の作品がわかる。	・目の前に置かれた作品に注目する。
学習状況	・言葉での説明やカードの提示で手順を理解し，活動することができる。 ・一定時間集中することができる。 ・他の児童の様子を見て，早く終わらせようとあせることがある。	・教師がそばで言葉かけや指差しをすれば手元に注目することができる。 ・短時間なら塗る，切る等の活動ができるが，気が向かないと声を出したり離席したりする。

●学習展開（第3時）

3 額縁のパーツを作る		
ねらい	Aさん	・好きな色を選んで丁寧に塗る。 ・全体のバランスを考えながらドングリや木の枝を貼る。
	Bさん	・好きな色を選んで手元に注目して塗る。 ・教師とのやりとりを楽しみながらドングリを貼る。

学習活動	個別の支援	
	Aさん	Bさん
1 本時の学習内容について知る。 2 段ボール板4枚にアクリル絵の具で色を塗り，乾燥させる。	・材料や道具，制作の手順を確認する。 ・4色の色の名前を確認してから好きな色を選ぶ。 ・きれいに塗れるよう，絵の具の量や刷毛の動かし方に注意する。	・目の前に置いた見本に注目させる。 ・2色に絞ってどちらかを選択する。 ・絵の具を口に入れないようにする。 ・注目しやすいよう，段ボール板を1枚ずつ目の前に置く。

身近なものを使って表現しよう

3 ドングリや木の枝などを選ぶ。	・形や大きさなどに注目しながら，必要な量を選ぶ。	・目の前の2種類から好きな方を選ぶ。
4 乾いた段ボール板4枚を一度組み合わせてみる。	・そばに置いた見本を見て，額の形になるよう考える。	・教師と一緒に形を合わせる。
5 ドングリや木の枝などをボンドで貼る。	・しっかり付くよう，筆でボンドを付ける。 ・全体のバランスを考えてドングリや木の枝を配置する。	・ボンドを付けにくい形状のものは教師が付けて手渡す。
6 スプレーペイントをかける。	・好きな色を選び，量を調節しながらかける。	・好きな色を選び，教師と一緒にかける。
7 みんなの作品を見合う。	・友達の作品に注目させる。 ・自分の作品がわかったら挙手して答える。	・目の前に置かれた作品に注目させる。

6 評価

・好きな素材や色を選んで作ることができたか。
・色を塗る，ボンドで貼るなどの作業を丁寧に行うことができたか。
・自分が作った作品がわかったか。

⑦ 授業の様子

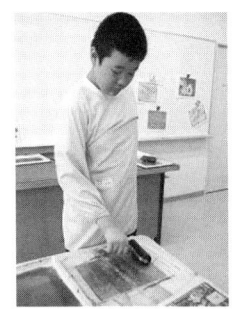

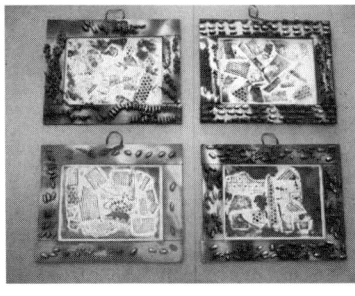

色や素材の選び方，配置によって，いろいろな雰囲気の作品が出来上がった

【授業で使用した教材・教具】

版画：ボール紙，画用紙，布，段ボール，プチプチシート，リボン，ひも，はさみ，筆，ボンド，版画和紙，水性版画インキ，ローラー，バット，バレン

額縁：段ボール板，ボール紙，ドングリ，木の枝，アクリル絵の具，スプレーペイント，ボンド，両面テープ，リボン，刷毛，筆

〈金井　桂子〉

身近なものを使って表現しよう　27

特別支援学校・中学部

自分の好きなことを表現しよう
~粘土や絵，言葉で表現しよう~

1 ねらい

○自分について知ったり自分の気持ちに気づいたりして，いろいろな方法で自分を表現していくことができることを知る。
○制作計画から完成までの過程に見通しをもち，工夫をしながら主体的に取り組むこと。
○友達や作品のいいところに気づき，それを言葉で表現する。

2 学習活動

(1) **自分の好きなものを絵や文で表現する**
　・自分は何が好きなのか考え，好きなことについて思い出したり考えたり空想したりして，アイデアシートにまとめる。
　・考えたことや思い出した場面を絵や4コマ漫画にして，物語の展開のイメージをもつことができるようにする。

(2) **絵や文で考えたものを粘土で表現する**
　・4コマ漫画をもとに，登場するものを粘土で作ったり，背景画を描いたりする。
　・作る過程で，自分の好きなものについて話をしたり場面の様子を伝え合ったりしてかかわっていく。

(3) **作ったものを組み合わせて，場面を考えながら写真を撮る**
　・教師と話をしながら，場面ごとの構成や配置，登場するものの動かし方を考えたり伝えたりする。場合によっては，アイデアシートで考えたことを変更しながら写真を撮る。

(4) 絵本を作って，発表したり展示をしたりする
　・自分の好きなことを発表したり，工夫をして絵本を読んだりして，自分らしさを表現していくことができるようにする。
　・感想を発表し合い，作品のいいところや面白いところに気づくことができるようにする。

3 指導上の留意点

○生徒の発想や思いを大切にし，それを発展させたりまとめていったりすることができるように，個に合わせて支援をする。
○考えたことをイメージすることができるように，アイデアシートを活用したり，選択肢を提示したりする。
○制作の面白さや表現の自由さを知るために，絵本作りの過程での変更や追加ができやすいようにする。
○困ったことやわからないことがある場合は，友達にアイデアを聞いたり教師に質問をしたりすることができるように，制作中の雰囲気づくりを工夫したり，授業のねらいを生徒に伝えたりする。

4 題材名「クレイアート絵本」

●ねらい
・自分で考えたことを絵や粘土で表現することができる。
・粘土の感触や制作を楽しみ，できたものを動かしたりストーリーを考えたりしながら表現をすることができる。
・完成した絵本の面白さやよさに気づくことができる。

●指導計画（全10時間）

1　絵本作りの手順を知る（1時間）
・イラストや文で提示された絵本作りの手順を見る。 ・絵本の見本作品を見たり読んだりして，制作にイメージをもつ。

自分の好きなことを表現しよう　29

2 物語のストーリーを考える（1時間）
・アイデアシートを使いながら，表現したい物や事柄を考える。 ・4コマ漫画を描いて，物語の展開を考える。
3 登場するものを粘土で作ったり絵に表したりする（3時間）
・粘土に絵の具を混ぜて着色する。 ・登場するものを作ったり動かしたりしながら楽しむ。 ・背景や粘土で作り切れないものを絵で表す。
4 作ったものを動かしながら，場面ごとの写真を撮る（2時間）
・背景画や粘土で作ったものを組み合わせながら，ストーリーを考え直したり，絵を描き足したりする。 ・場面ごとの写真を撮る。
5 絵本を作る（2時間）
・ページを貼り合わせたり，写真を貼ったりする。 ・写真を見ながら，文章を考えて書く。
6 鑑賞会をする，展示をする（1時間）
・一人ずつ前に出て絵本を読み，感想を発表し合う。 ・好きな場面を一つ選び，背景画にボンドで貼り付けて固定する。 ・学園祭に絵本と粘土作品を展示する。

5 個別の指導計画

●生徒の実態

	Aさん	Bさん
聞く見る	・教師の話を聞いており，手順表や活動内容を提示すると，決められたことは自分から行動する。 ・周囲の友達の様子を見ていて，まねをしたり修正したりする。	・集団授業では，教師の言うことや見本を見ることができない場合があり，教師が個別に声をかける必要がある。 ・周囲の状況にとらわれることが少ない。

話す 書く 描く	・自信がなく,自分から話したり絵を描き始めたりすることは少ない。 ・文を考えたり書いたりすることができる。	・取り掛かりが遅いが,選択肢を与えると選んだり描き始めたりする。 ・絵を見て文を考えることができる。
社会性	・自分から友達に話しかけることは少ない。 ・社会的な経験は多い。	・集団にいるよりも,一人でいることを好む。
造形表現の様子	・絵や写真があると,それを参考にして工夫をしていくことができる。 ・根気よく制作をする。	・こだわりがあり,好きなものが広がりにくい。 ・絵がパターン的になりやすく,制作が速い。

●学習展開（第2時）

2 物語のストーリーを考えよう		
ねらい	Aさん	・アイデアシートを活用して,自分の好きなものについて考えて表現することができる ・教師の質問に答えながら4コマ漫画を描く。
^	Bさん	・絵カードなどの選択肢の中から自分の好きなものを選び,その様子を考えることができる。 ・選んだものの様子を4コマ漫画に表す。

学習活動	個別の支援	
^	Aさん	Bさん
1 本時の学習を知る。	・イラストと説明文で,一斉指導のなかで流れを伝える。	・一斉指導のなかで伝え,さらに個別に説明をする。
2 本時のめあてを知る。	・アイデアシートは自分で書く,楽しいこと困ったことを4コマ漫画に表すことを伝える。	・「自分の好きなものを考える」「教師と一緒に4コマ漫画を描く」ことを伝える。

自分の好きなことを表現しよう 31

3 アイデアシートに書き込む。 ・好きなものの絵 ・名称 ・色 ・形 ・性格 ・住んでいるところ ・友達 ・4コマ漫画	・好きなものが見つからないときは、生活を振り返るように伝える。 ・好きなものを描いたところで、その様子を尋ねたり本人に説明させたりしてイメージを広げさせる。 ・4コマ漫画の展開がわからないときは、①〜がいました，②楽しい活動，③困ったこと，④最後の様子，のヒントを与える。 ・いい部分を見つけて褒める。	・動物，乗り物，食べ物，キャラクターなどのカードを提示して、好きなものを尋ねる。 ・絵カードを見せながら絵を描かせたり、色・形・特徴・周囲の様子などを尋ねたりする。 ・4コマ漫画の展開がわからないときは、「次はどうなったの？」と質問をして、その様子をコマに描いていくように促す。 ・絵や文が書けたことを褒める。
4 アイデアシートを見直す。	・読み直しをさせて、そのときの気持ちや様子を質問する。	・読み直しをさせて、絵や気持ちを表す言葉を書き加えるように促す。
5 めあてを振り返る。	・アイデアシートの完成を褒める。	・面白い部分を具体的に伝える。

6 評価

・アイデアシートを活用して、自分の好きなものについて考えたり絵や文に表したりすることができたか。
・ストーリーの展開を考え、4コマ漫画を描くことができたか。

⑦ 授業の様子・教材

アイデアシート

展示の様子

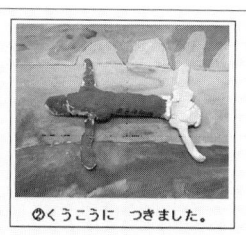

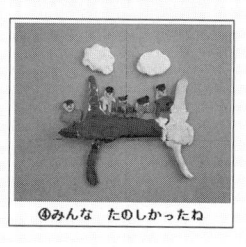

A作品

B作品

①ひこうきが とんでいます。
②くうこうに つきました。
③おきゃくさんが おりてきました。ぞろぞろぞろ。
④みんな たのしかったね

〈木村　千里〉

自分の好きなことを表現しよう　33

特別支援学校・中学部

下級生に感謝の気持ちを表そう
~身近な素材や道具を使ったプレゼント作り（卒業制作）~

1 ねらい

○感謝の気持ちを表す方法を知る。
○主体的に取り組み，丁寧な作品作りをする。
○友達と楽しく過ごす計画を企画し，実行する。

2 学習活動

(1) **感謝の気持ちを表す方法を知る**
 ・同じ学部で共に学んだ下級生にプレゼントを作り，贈ることで感謝の気持ちを表す。
(2) **自主的に活動に取り組む**
 ・手順（写真カードや文字表示）を理解して，取り組む。
(3) **丁寧な作品作りをする**
 ・採寸，板の裁断（のこぎり），磨き，着色（絵の具），装飾（ボンド使用），丸環フック付け，ひも付け等の各工程を丁寧に取り組む。
(4) **お楽しみ会を計画し，実行する**
 ・自分たちが作ったプレゼントを渡す場面として，楽しく過ごすための会の内容を考え，自分たちで協力して実行する。

3 指導上の留意点

○意欲が持続できるように，「見てわかる」状況や，「自分で取り組める」状況などをつくり，自主的に活動できるようにする。

○プレゼントを贈る相手を意識できるように，相手（友達）の名前を入れた作品作りに取り組む。
○各製作工程では，日々学習で取り組んでいる要素を取り入れ，使用する道具や材料を見れば，何をするかがわかるようにする。
○わからないことや，困った場面では，援助を求めることができるようにする。
○丁寧な作品を作ることを心掛けるように，手元を見てしっかり手先を動かすことを意識させる。

4 題材名「ネームプレートづくり」

●ねらい
・感謝の気持ちを表す方法を学ぶ。
・手順に沿って，丁寧に作品を作る。

●指導計画（全8時間）

1 作品作りの構想を立てる（1時間）
・プレゼントを贈る相手を，クラスの友達で分担し，決める。
・見本を参考に，着色する色や，飾り付けのデザインを自分で考える。贈る相手の好きな色などについて調べる。

2 作品作り（第1工程〜第3工程）（3時間）
・名前文字の準備，採寸，板の裁断，磨き，着色を丁寧に行う（第1工程）。
・丸環フックやひもの取り付けを丁寧に行う（第2工程）。
・名前文字の貼り付け，飾りの貼り付けを丁寧に行う（第3工程）。

3 メッセージの作成，ラッピング（1時間）
・感謝の気持ちをメッセージカードに書く。
・丁寧にラッピングをする。

4 お楽しみ会の計画（2時間）
・一緒に楽しく時間を過ごすために，どんなことをすればよいかを考え，計画，準備をする。
5 プレゼント贈呈・お楽しみ会の開催（1時間）
・自分たちが作った作品を贈り，共に楽しい時間を過ごす。

5 個別の指導計画

●生徒の実態（学級6名中2名を示す）

	Aさん	Bさん
読 む 書 く 計 測	・学習工程などは，文字表示のみでも理解できる。 ・日常的に使う漢字の読み書きができる。 ・定規を使って採寸ができる。	・クラスの友達の名前の文字（平仮名）は大体わかっている。 ・型紙に鉛筆を沿わせて，線を引こうとすることができる。
手指の操作 巧緻性 道具の扱い	・手先は器用で，几帳面に物事に取り組むことができる。 ・経験をもとに，汚れないための環境の工夫なども自分でできる。	・調整力は未発達だが，はさみ，のり，ボンド，セロハンテープなどは使うことができる。 ・力はやや弱いが，のこぎりや紙やすりを使うことができる。 ・塗りムラはあるが，絵の具での着色は，好きな活動である。
社会性	・必要に応じて報告や質問をすることが，大体できる。	・促せば，声やカードを使って報告ができる。 ・援助を受けたいときは，直接物を持ってきたり，声を出して，教員に呼びかける

		ことができる。
学習状況	・意欲的に取り組むことができる。	・活動はゆっくりではあるが，意欲的に取り組むことができる。

●学習展開（第2時）

2 ネームプレート作り～第1工程～		
ねらい	Aさん	自分で工夫しながら，丁寧に作品作りに取り組む。
	Bさん	自主的に活動に取り組む。手元を見て，活動を行う。

学習活動	個別の支援	
	Aさん	Bさん
1 完成作品を見る。	・配色や飾りの付け方など，工夫されてる点に気づく。	・実際に手に取って見る。
2 製作手順を学ぶ。	・短い言葉で簡潔に表現した製作手順を，理解する。	・写真カードを見て，製作手順を理解する。
3 名前文字を準備する。	・プレゼントを贈る相手の名前の文字を自分で準備する。	・写真カードと文字を見てマッチングしながら，名前文字の準備をする。
4 板に印を付ける。	・定規を使い，端から22.5cmの位置に印を付ける。	・板の端に，型板の端が当たるように確かめ，型板に鉛筆をぴったりと沿わせ，印を付ける。
5 のこぎりで，板を切る。	・教室を汚さず，かつのこぎりが扱いやすい状況をつくる。 ・印に沿って，丁寧に切る。	・友達の様子を見て，見通しをもち，準備する。 ・のこぎりの刃が板に対してまっすぐに当たるように指導者がやや手を添え，丁寧に切る。

下級生に感謝の気持ちを表そう

6 紙やすりで、板を磨く。	・磨き残しがないかを、自分で確認をしながら、板を丁寧に磨く。	・差し示された部分を磨くことができる。
7 板に着色する。	・机を汚さず、かつ絵の具が扱いやすい状況をつくる。 ・板の角や側面などに塗り残しがないかを確認しながら、ムラなく丁寧に着色する。	・友達の様子を見て、見通しをもち、準備する。 ・ゆっくり丁寧に着色する。
8 片付ける。	・自分の使用した道具を、所定の位置に片付ける。	・自分の使用した道具を、所定の位置に片付ける。
9 活動を振り返る。	・がんばった点を、姿勢、声の大きさなどに気を付けながら、発表する。	・がんばった点について、黒板の製作手順の部分に、自分の顔写真を貼る。

6 評価 （Aさんの場合の評価）

・1枚の板を指定された長さに裁断することができたか。
・丁寧に、磨きをかけることができたか。
・丁寧にプレートに着色をすることができたか。

７ 授業の様子

紙やすりで板を磨く
（第１工程）

絵の具で着色
（第１工程）

丸環フック付け〜
（第２工程）

飾り付け
（第３工程）

完成

〈高橋　めぐみ〉

特別支援学校・高等部

びっくり！楽しい♪ポップアップ
~オリジナルのポップアップを作ろう~

1 ねらい

○ポップアップに興味・関心をもち，自分だけの作品を意欲的に制作しようとする。
○想像力を働かせて，自分が表現したいイメージを豊かに発想・構想する。
○材料の特性や用具の使い方などを理解し，適切に使う。
○完成した作品を鑑賞し，自己表現の喜びを味わう。

2 学習活動

(1) **ポップアップの作品を鑑賞する。ポップアップの仕組みを知る**
  ・様々なポップアップの作品を鑑賞し，作品に興味・関心をもつ。
  ・様々なポップアップの仕組みを見て，いろいろな仕組みがあることを知る。
(2) **オリジナルポップアップを作る**
  ・作りたいポップアップのイメージを発想・構想する。
  ・材料を使って，イメージに合った表現を工夫する。
(3) **完成した作品を鑑賞する**
  ・自分の制作を振り返り，よかったところを見つける。
  ・友達の作品のよいところを見つける。

3 指導上の留意点

○参考作品や見本を使って制作内容をわかりやすく説明し，制作へ

の見通しがもてるようにする。
○作りたいイメージ（テーマ）が浮かびにくい生徒には「テーマの種」を提示し，その中からテーマを選択するよう促す。
○絵を描くことに苦手意識のある生徒には，テーマに沿った材料（飛び出すものの絵）を雑誌や図鑑等の資料やインターネットを利用し，収集できるようにする。
○モダンテクニックを使った様々な模様の紙を材料に加え，既製デザインの切り貼りにならず，味わいのある作品を制作できるようにする。
○簡単な仕組みを使って，どんな絵がどんな動きをしたら面白いかという発想や構想の部分に重点を置くようにする。
○仕組みを選択する際には，各仕組みの表現効果を伝え，作りたいイメージに合った仕組みを適切に選べるようにする。

④ 題材名「ポップアップを作ろう」

●ねらい
・ポップアップを意欲的に制作しようとする。
・作りたいポップアップのイメージを発想・構想する。
・材料を使って，自分のイメージに合った表現を工夫する。

●指導計画（全10時間）

1　どんなポップアップにするか考えよう（1時間）
・「自分の好きなもの」の中から，作りたいポップアップのテーマを考える。 ・テーマが浮かばない場合は，教師が「テーマの種」を提示し，その中から選択する。
2　ポップアップの材料を集めよう①（3時間）
・テーマからイメージをふくらませ，どんな絵が動くと面白いか考える。 ・考えたイメージを絵に描く，資料（図書室・インターネット）から探す等

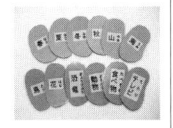

して，ポップアップの材料を集める。

2　ポップアップの材料を集めよう②（2時間）

・モダンテクニックを使って様々な模様の紙を作る。ポップアップの台紙として使用する。

3　どのしくみが面白いかな（2時間）

・仕組みの見本から，自分の作品イメージに合うものを選択する。
・自分が使う仕組みを作る。

4　ポップアップを組み立てよう（1.5時間）

・材料を組み合わせ，ポップアップを作る。
・飛び出す絵の配置を考え，自分のイメージに合った表現を工夫する。

5　作品タイトルを付けよう（0.5時間）

・完成した作品にタイトルを付ける。
・工夫した点や気に入っている点を振り返る。

5 個別の指導計画

●生徒の実態

	Aさん	Bさん	Cさん
美術への関心・意欲・態度	・美術は好きで意欲的に制作に取り組むことができる。	・制作に対して不安があり，取り掛かりには教師の助けを求めることが多い。	・絵を描くことに苦手意識がある。 ・題材によって制作が進まないことがある。
発想や構想の能力	・自分の好きな物から作品のイメージをふくらませることができる。	・物を見て描くことは得意だが，自由に発想することは苦手である。	・発想力はあるが，それを表現することは難しい。 ・選択肢の中から選択することはできる。
創造的な技能	・イメージの実現に向け，工夫して制作することができる。	・手先は器用で，工夫しながら制作することができる。	・手先は器用で，作業的な制作には意欲的に取り組める。
学習状況	・どの題材も意欲的に取り組んでいる。 ・こだわりがあり，制作テーマに偏りがある。 ・用具は適切に使うことができる。	・色彩感覚がすばらしく，美しい作品を作る。 ・材料の性質や用具などの扱い方を理解し，適切に使うことができる。	・粘土等，やり直しが容易な題材は意欲的に取り組める。 ・自信のなさから制作が投げやりになってしまうことがある。

びっくり！楽しい♪ポップアップ

▶学習展開（第2時）

2　ポップアップの材料を集めよう①			
ねらい	Aさん	自分のテーマに沿った絵を描いたり，材料を集めたりしている。	
	Bさん	自分のテーマに沿った材料を資料やインターネットを使って集めたり，資料を見ながら描いたりしている。	
	Cさん	自分のテーマに沿った材料を資料から選んでいる。	

学習活動	個別の支援		
	Aさん	Bさん	Cさん
1　あいさつをする。 2　前時の学習を振り返る。	・事前に参考作品，図鑑や雑誌等の資料を教卓に並べておく。 ・題材の流れを黒板に貼る。 　ポップアップを作ろう 　　1　テーマを考えよう 　　2　材料を集めよう 　　3　しくみを選ぼう 　　4　組み立てよう 　　5　作品タイトルを付けよう		
3　本時の制作内容を知る。	・前時で記入したワークシートを配付し，テーマを確認する。 ・本時では2に取り組むことを伝える。 　「テーマから，どんな絵が動くと面白いか考えてみよう」 　「イメージを絵に描いたり資料から材料を集めたりしよう」		
4　制作準備をする。 ・描画用の道具を準備する。	・使用する画材がある場所を確認し，準備する分担を伝える。		

44　表現

5 材料を集める。 ・テーマから作りたいイメージをふくらませる。 ・動いたら面白いと思うものの絵を描いたり，資料から材料を選んで切り取ったりする。	・イメージをふくらませ，紙にどんどん絵を描いていくよう伝える。 ・イメージだけでは描けない場合は，資料を見て描くよう伝える。	・資料から材料を探し，絵に描くよう伝える。	・テーマに沿った資料をいくつか提示し，使いたい材料を選択するよう伝える。
	・イメージに合った資料がない場合は，パソコン室や図書室に行き，資料を収集できるようにする。 ・切り取ることが難しい資料を選んだ場合は，コピーして，材料に使えるようにする。			
6 片付けをする。 7 本時の制作を振り返り，次時の活動を知る。	・どこに何を片付けるのかを指示する。 ・片付けができていない生徒には個別に声かけする。 ・集めた材料を一人ずつ発表するよう声かけする。 ・次時の活動を伝える。			

6 評価

・意欲をもって制作に取り組めたか。
・自分のテーマに沿った材料を集めることができたか。

〈田中　真以子〉

[参考図書]

デビッド・A・カーター，ジェームズ・ダイアズ『実物で学ぶ　しかけ絵本の基礎知識　POP‐UP』大日本絵画，2000年

高橋洋一著，tupera tuperaイラスト『飛び出すしかけ，8つの基本　ポップアップの世界』新星出版社，2009年

びっくり！楽しい♪ポップアップ　45

特別支援学校・高等部

プレゼントボックスを作ろう
~一人一人がみんなと作る~

1 ねらい

　本校高等部では，毎年，全学年合わせて100名前後の生徒が在籍する。彼らの実態を個々に見ると，その障害の程度には大きな差が見られる。そのため生徒一人一人の実態を踏まえたきめ細かな指導が必要とされる。そこで，開校当初より，生活コース，社会コース，職業コースという三つの類型別の教育課程を編成し，それぞれの類型別に課題に合った学習を進めてきた。また，各学級についてもこの類型別学習集団で編成してきた。将来の進路を考えるに当たって，この学級編成が学級を運営しやすく，また生徒にとっても仲間をつくり，お互いに意識し合い競い合える関係が生まれやすいと考えたからである。

　ところが，共生の時代にあって「ともに助け合う」力は，今の時代には必要不可欠な力であるという考えのもと，類型の枠組みをはずした集団（一つのグループに生活，社会，職業の生徒が混在する集団）の編成の重要性が訴えられたのであった。「競い合う力」から「認め，助け合う力」「困ったときに，助けてもらうことは当たり前という発想」へと教育課程，学級編成を変更していく必要に迫られた。そこでコースの枠組みをはずした混合型学習集団で学級を編成することにした。この学級編成の具体的な特徴は，朝の会や終わりの会，給食，HR，生活単元学習，総合的な学習の時間は学級（交流学習集団）で活動することである。このHR，生活単元，総合的な学習の時間を月曜日に集めることにより，生徒にとってわかりやすい時間割にしていった。また生徒一人一人の実態に応じた学習は今まで通り三つの類型に分かれて実施している。なおコースの名

称については，生活コース，社会コース，職業コースという将来の進路に結び付くようなコース名称からⅠ類，Ⅱ類，Ⅲ類という類型名称に変更した。この，混合型の学級編成が実施されてから5年，すべての学年が類型に変わり，すべての学級にいろいろな類型の生徒が在籍し，学級に三つの時間割が存在するという本校高等部の新しい骨組みが形成されたのであった。

　美術の授業においては，週1回2時間の授業が各学年ⅡⅢ類合同で3枠と3学年合同Ⅰ類の授業1枠がある。今回紹介する取組は，2学年のⅡⅢ類合同授業である。2学年全生徒数は28名でこの授業には25名が参加している。この単元では，個々の生徒の中で表現を追求すること，また集団の中での表現の違いを確認すること，集団で表現することの喜びを体験すること，この3点をねらいとして考えていった。

- プレゼントを贈る思いを簡単な絵柄（模様）で表そう。
- 「プレゼントボックスと私」で写真を撮ろう。
- ボックスをみんなで飾ろう。

2 学習活動（全15時間）

　本授業では25名の生徒，9名の支援者，1名の指導者で取り組んでいった。多数の生徒が活動できる教室がないため，授業の最初に活動内容を紹介確認し，最後には反省と次週の予告を一つの教室で行った。制作活動では4グループが二つずつ2教室に分かれ取り組んだ。学習活動では，ボックスに対する個人の思いによる装飾的表現，そのボックスに対する身体表現，最後に集合体で環境に与える表現ということになる。また，最後にはそれらを画像で振り返る鑑賞の時間を取り入れた。

(1) **プレゼントボックスの装飾を考える**（2週4時間）
- いろいろなパッケージデザインを見たり，伝統的な模様を見たりして模様について考える。
- 繰り返し，単純化の技法について学ぶ。

(2) **ダンボールに下塗り剤を塗る**（1週2時間）

(3) **ダンボールに絵柄を描く**（3週6時間）
- 描画材料，技法について工夫する。

(4) **「プレゼントボックスと私」で撮影しよう**（1週2時間）
- プレゼントボックスと自分の記念写真を場所とポーズを考えて撮る。

(5) **クラスと全体で作品を作ろう**（1週2時間）
- クラスや全体の展示表現では，それぞれの場で意見を交換し，どこでどのような展示表現をするか決定していく。
- 集合作品が景色（環境）の中でどのように見えるか。

(6) **作品を鑑賞しよう**（1週1時間）
- 他の仲間の「プレゼントボックスと私」を鑑賞し，いろいろな表現があることに面白さを感じる。

3 指導上の留意点

○ 好きな形からの単純化や繰り返し，レイアウトなどについて考え，模様を作っていくプロセス体験をさせる。また，個々の表現の方法がなぐり書き，線描などの場合，その表現が模様につながるように技法，画材を工夫して提供していく。

○ ローラーやスタンプ，マスキングテープなどを用い簡単に模様ができることを個に対応して体験させる。

○ 「プレゼントボックスと私」では，ボックスとカッコイイ写真を撮るには，場所，ポーズなど「私」とボックスの関係が大切であることを伝える。

○ クラスでの共同作品作りでは，作る場所，並べ方などをクラスで

話し合い決めていく。
○学年全体での作品作りでは，景観の中の作品を意識させる。また，何十人，何百人が作品作りに参加したときの作品を想像させる。

4 題材名「プレゼントボックスを作ろう」

本校の個別の指導計画は個々の実態から課題を導き出し，その中の中心的課題を4～5項目挙げ，その課題をどの教科・領域で実践していくかを明確にしていく。25名中の2名の一部を紹介する。

5 個別の指導計画

●生徒の実態

	Aさん	Bさん
身体健康	・あぐら座位は取れるが，自力で座位の維持は難しい。短時間であれば自力でのつかまり立ちができる。 ・大きな音に体を緊張させる。 ・手指の操作は左手優位，握力は弱いが鉛筆を持ち書くことはできる。	・運動全面禁止である。エネルギー不足により脳梗塞を起こしやすい。脳梗塞の前駆症状として，頭痛や足のしびれを訴える。疲れやすいが，疲労をためなければ回復し，休憩で気分転換ができる。
社会性	・学校の出来事を家で話すことができる。 ・学校では，親しい人と1～2語文で会話ができる。教師との関係が中心である。 ・質問に対しては首を振って応えることが多い。	・コミュニケーションをとることが苦手で，会話は続きにくい。 ・返答を求めると「はい」「わからない」など短い言葉で答える。 ・買い物には興味をもっているが，あまり行ったことはない。

行　動 特　徴	・家庭やトイレでは大きな声で話ができるが，学校では自分の思いをあまり主張せず，首振りや小さな声で答える。	・集団活動になると無理をしがちになる。友達と同じことをしたがる。 ・学校外での移動の際は車いすの使用を嫌がらない。
中心課題	・電動車いすの操作性を高める。 ・自分の意思を口頭で伝えることができる。	・ゲームやニュースポーツなどの体験を通して余暇活動につないでいく。

●学習展開

　Aさんは自分の意思を口頭で伝えること，Bさんは表現の楽しさを学ぶことにより余暇活動につなげていくこと，という課題を学習の中で展開していく。

景色としてのプレゼントボックス			
ねらい	Aさん	・プレゼントボックスと自分の写真をいろいろな選択肢の中から選んでいく。 ・クラス，学年で自分の意見を周りから聞いてもらいながらも，口頭で答える。 ・環境の中で作品を展示・撤収し環境の変化を楽しむ。	
^	Bさん	・プレゼントボックスと自分の写真をどのように撮ったら面白いか考え，表現の楽しさを知る。 ・クラス，学年で自分の意見を出す。 ・環境の中で作品を展示・撤収し環境の変化を考える。	
学習活動	個別の支援	
^	Aさん	Bさん
1　クラスで「ボックスと私」の撮影場所について考える。	・自分の意見はもっているので，撮影場所，ポーズの選択肢を多く提供する。	・ユニークな発想をもっているので，生かせる撮影場所，ポーズを引き出す。

2 クラスでクラス作品の展示場所について話し合う。	・集団の中で，自己主張できる場を提供する。	・他の意見を参考に自分の考えをまとめさせる。
3 クラスで個人，クラス作品の写真を撮影する。	・個人撮影では，本人に撮れた写真について意見を聞く。	・自身のユニークな発想を全体の場で確認させる。
4 学年全体の作品を運動場で展示する。		・個人撮影では，本人に撮れた写真について意見を聞く。

6 評価

- ダンボールプレゼントのデザインについて，参加する生徒のそれぞれ表現に合った技法，用具を用いることができたか。
- 「プレゼントボックスと私」の写真撮影について生徒の要望を引き出して，写真を撮ることができたか。
- クラス作品についてクラスの中で意見を出し合い，話し合いの中で撮影ができたか。
- 学年作品について，集合作品を前にして「100人が参加したら，200人が参加したら，どんな作品ができるか考えてみよう」の言葉でどんな作品を想像できたか。

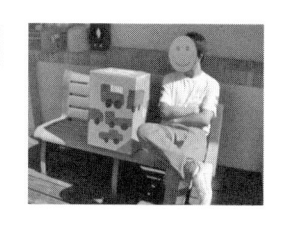

〈荒川　鉄也〉

プレゼントボックスを作ろう

特別支援学校・高等部

デザインに挑戦しよう
～目的や用途に合わせ表現しよう～

1 ねらい

○見たこと，感じ取ったことなどを経験や想像に基づいて，様々な方法でデザインすることで，目的や用途に合わせた表現ができる。
○完成した作品に自信と誇りをもち，大切にしたり，生活の中で役立てようとしたりする。
○友達の作品を鑑賞し，その個性や面白さを味わう。

2 学習活動

(1) **色の学習**
   ・色の種類や効果，色の三原色，光の三原色，色の混色（写真1），絵の具の量と色の変化，色コマを使用した配色の学習。
   ・美術への苦手意識を配慮し，だれでも楽しく学習に参加できるよう「混色の実験」や「12色相環」を作るなど体験的な内容を取り入れる。

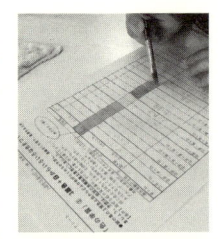

   写真1　混色の実験

(2) **鉛筆を用いたグラデーションの学習**
   ・鉛筆の種類と削り方，鉛筆を使った濃淡の表現の仕方（2段階から10段階）。
   ・石膏像「大顔面」のモノトーンによる表現（写真2）。
   ・表現に多用する最も基本的な用具である

   写真2　鉛筆の濃淡で表現

鉛筆の取扱いと特性について，演習をしながら学習する。

(3) **名前やイラストのデザイン**
- いろいろな書体，文字の形や美しさ，てん書体で自分の名前を文字にデザイン，スタンプ作り，書道作品への利用を図る。
- 細工しやすい「消しゴムスタンプ」の材料や身近なカッターなどを使用して，デザインした名前やイラストのスタンプ（写真3）を容易に表現できるように工夫する。

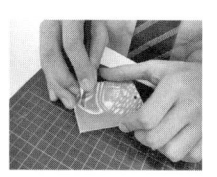

写真3　イラストのスタンプ作り

(4) **キャラクターのデザイン**
- キャラクターの定義，いろいろなキャラクターの紹介（写真4）（スポーツ関係，テレビ関係，市町村関係などインターネットから情報収集），自分の所属する学科（木工科，環境・流通サポート科，福祉サービス科）のキャラクターデザイン，「学科キャラクター図鑑」の作成と活用。
- ワークシートや写真（写真5）を活用して，キャラクターのイメージが具体的に発想できるよう配慮する。
- 自分の学科や作業内容に自信と関心をもち，所属意識を深め，自分の果たしている役割や存在感を感じ取れるよう配慮する。

写真4　発想のヒント①：いろいろなキャラクター

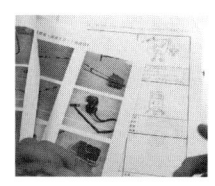

写真5　発想のヒント②：道具などの写真とワークシート

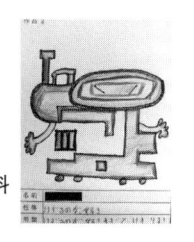

写真6　木工科の生徒作品

デザインに挑戦しよう　53

3 指導上の留意点

○中学校段階までの美術に関する学習内容及び生徒の実態を的確に把握する。
○かくこと，作ることへの苦手意識を克服できるよう，個に応じた指導の方法を工夫し，「わかる授業」「できる授業」づくりに努める。
○経験，想像，工夫などを重視した創造的な活動を取り入れる。
○表現する題材を本校の特色である「キャリア教育」や他の教科との関連を踏まえて設定する。

4 題材名「自分の学科のキャラクターをデザインしよう」

●ねらい
・キャラクターについて役割やデザインの仕方がわかる。
・自分の学科にふさわしいキャラクターを考え，デザインする。
・「学科キャラクター図鑑」を作成し，活用を通して鑑賞する。

●指導計画 (全8時間)

1 キャラクターについて知ろう (2時間)

○ワークシートを使用して，次の内容を学習する。
　・キャラクターとは
　・これは何のキャラクターでしょう (クイズ)
　　スポーツ関係，テレビ関係，市町村関係から例を提示

2 自分の学科のキャラクターを考えよう (2時間)

○ワークシートを使用して，次の内容を学習する。
　・各学科の作業学習の内容，使用する道具を写真等も参考にしながら思い出す。
　・キャラクターのアイデアをできるだけたくさん描く (作業内容や使用する道具をモデルに擬人化する)。

・キャラクターのプロフィール（名前，身長，体重，性格，特技など）を考える。

3 お気に入りのキャラクターを4点描く（2時間）

・たくさんのアイデアの中から，4点選び所定の画用紙に描き，色鉛筆で彩色する。

4 「学科キャラクター図鑑」を作り鑑賞する（2時間）

- 前時，選択した4点を縮小コピーし，学科ごとにA4サイズに整理し，図鑑を生徒各自1冊ずつ丁合い，製本する。
- 題材を終えての振り返りアンケートに，「図鑑で調べよう」の項目を加え，種類などを調べる学習で活用する。
- 「どのキャラクターが，各学科の特徴をよく表しているか」を生徒全体から投票してもらい，友人の作品のよさや面白さに気づく。

5 個別の指導計画

●生徒の実態（2人について記述）

	Aさん	Bさん
表　現	・形や絵の模写が正確にできる。 ・図形を用いて発想豊かに表現できる。 ・遊び心を加えるなど自分のオリジナル作品を作ることができる。	・形や絵の模写はほぼできる。 ・図形を用いて発想豊かに，ユーモアも交じえて表現できる。
材　料 用　具	・色鉛筆や水彩絵の具を用いた彩色は丁寧である。 ・カッターの扱いはうまく，細かい細工が巧みである。	・色鉛筆による彩色は丁寧にできる。 ・カッターの扱いは不慣れだが，完成まで努力できる。
鑑　賞	・自分の思いや感想を，積極的に発表することは苦手である。	・自分の思いや感想を，発表することができる。

学習状況	・美術は好きな教科の一つ。豊かな表現力をもち、作品を褒められた経験がある。 ・毎時間、学習を楽しみに意欲的に参加している。	・美術は好きでも嫌いでもない。工作は嫌い。作品を褒められた経験がほとんどない。 ・過去に経験したこと、自信のあることについては、積極的に学習活動に参加できる。

▶学習展開（第3〜4時）

2	自分の学科のキャラクターを考えよう		
ねらい	Aさん	学科の作業内容や道具の特徴を押さえ、想像したことや感じたことを色や形で豊かに表現できる。	
	Bさん	学科の作業内容や道具の特徴を押さえ、想像したことや感じたことを色や形で豊かに表現できる。	

学習活動	個別の支援	
	Aさん	Bさん
1 学科の作業学習の内容を記載する。	・日常の作業学習から発想させる。	・学科の学習内容についてグループの友達と相談させる。
2 学科の作業で使用する道具を記載する。	・日常の作業学習から発想させる。	・グループの友達と相談させたり、道具の写真を参考にさせたりする。
3 擬人化する。	・目や口、手足などをつけて擬人化する方法を提示する。	・キャラクターの例や友達の作品を参考にして発想させる。
4 プロフィールを考える。	・名前、身長、体重、性格などの意味付けを楽しみながら自分で考える。	・キャラクターの例や友達の作品を参考にして、楽しく取り組むように促す。

6 評価

・キャラクターの役割やデザインの仕方がわかったか。
・自分の学科にふさわしいキャラクターを考え，デザインできたか。
・「学科キャラクター図鑑」を有効に活用できたか。

7 授業の様子

　Aさんは環境・流通サポート科で「清掃等の環境づくりや商品管理・事務などの学習を通して，職業自立に必要な実践的態度を育てる」ことを目標としている。清掃が学習の中心で，掃除用具をキャラクターのモチーフに選んだ。Aさんは，課題が理解できるとグループの友達と相談しながら発想豊かに，アイデアを出していった。「図鑑」（写真9）の活用場面での人気投票では，彼の作品（写真7）は多くの支持を得て第1位となり，とても満足そうであった。

　Bさんは，福祉サービス科で「介護・家事援助や接客などの学習を通して，職業自立に必要な実践的態度を育てる」ことを目標としている。「介護」「接客」「清掃」「調理」の4分野の中から，「介護」にかかわる用具をモチーフに選んだ。参考例や助言をもとに，学科にふさわしいデザインを考えることができた。人気投票では，彼の作品（写真8）は第3位となり，とても嬉しそうであった。

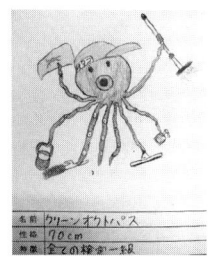

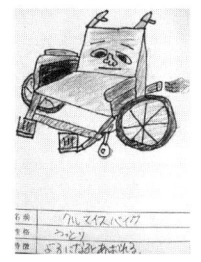

写真7　Aさんの作品　**写真8　Bさんの作品**　**写真9　キャラクター図鑑**

〈山末　隆〉

特別支援学級・小学校

おしゃれな「ふくろう」を作ろう
~色や形を工夫して表現しよう~

1 ねらい

○手順に従って,「ふくろう」を作ることができる。
○顔（目，口，鼻）の表情を自分なりに考え，色や形を工夫することができる。
○紙を丸めたり，縛ったりして指先を使って，自分で最後まで仕上げることができる。
○道具を使うことに慣れることができる（はさみ，ホットボンド，のこぎりなど）。

2 学習活動

(1) 「ふくろう」を手順に従って作ることができる
 ・参考作品を見て，作り方の手順を知る。
 ・色や形は自分で選んだり，考えたりする機会を多くする。
(2) 「ふくろう」ができたら，止まっている様子を表現するため，枝を切ってつなげる
 ・枝を切って，つなげる活動をすることで，指先を多く使うことができる。
(3) 「ふくろう」を枝に付けることができる

3 指導上の留意点

○手順を書き掲示しておくことや，参考作品を見せることで，見通しをもたせ，自分で計画的に作業をすることができるようにす

る。
- 袋に新聞紙を入れるときに、ぎゅっと丸める、モールでねじって縛る、枝と枝を毛糸で縛るなど指先を使う活動を多く取り入れ、慣れさせるようにする。
- 色や形を自分で決めさせることも大切なことなので、いろいろな折り紙や色画用紙を準備しておく。コンパスをうまく使って円が描けないときのことを考え、目の型紙を用意しておく。
- どう工夫してよいのかわからないときのために飾りの例を示し、参考にさせる。
- 道具の使い方に慣れ、自分でできるようにするために安全な方法でできるように支援する（ホットボンド、のこぎり、はさみなど）。

4 指導計画（全5時間）

1　ふくろうの作り方を知り、ふくろうを作る（3時間）
・参考作品を見て、見通しをもつ。 ・ふくろうの体や顔（目、鼻）を作る。 ・体の工夫をする（足、羽、髪の毛など）。 ・1羽できたら、もう数羽作ってもよいことを話す。
2　ふくろうの止まる枝を準備する（1時間）
・枝の長さを決めて、のこぎりで切る。 ・枝と枝を毛糸で縛る。
3　ふくろうを枝に付ける（1時間）
・枝のどこに付けるか考え、ホットボンドで止める。

5 個別の指導計画

●児童の実態

	Aさん
社会性	・友達と一緒に遊びたい気持ちはあるが、ルールが理解できなかったり、自分の思っていることをスムーズに話せなかったりすることが多い。ごく親しい友達にしか話しかけることができない。 ・相手の顔を見て話したり聞いたりできない。 ・決められたことはきちんとできる。言われないと行動できない消極的な面が多い。
学習状況	・話すことで大まかな内容は理解ができるが、視覚的な物があった方がより理解できる。 ・図工の学習に喜んで取り組むことはできるが、構想し、表現することが苦手である。見本を見せて見通しをもたせることで意欲的に活動できる。色や形も工夫することができる。 ・技能面では、ねじる、丸めるなどの活動はできるが、指先の力が弱く、ひねることがあまりできない。はさみも使えるが、スムーズに動かして切ることができず、切り口がなめらかではない。のりの量も無駄が多いときがある。

●学習展開 (第1時)

1 ふくろうの作り方を知り、ふくろうを作る		
ねらい	Aさん	・手順に従って、「ふくろう」の体を作ることができる。 ・顔（目、口、鼻）の表情を自分なりに考え、色や形を工夫することができる。

学習活動	個別の支援
	Aさん
1 参考作品を見て、活動の見通しをもつ。	・参考作品を見せることにより、どんな「ふくろう」を作るのかイメージをつかませる。

60 表現

2 本時の学習内容を知り、手順を確認する。	・作り方の手順表を見せることで、出来上がりまでの見通しをもたせる。

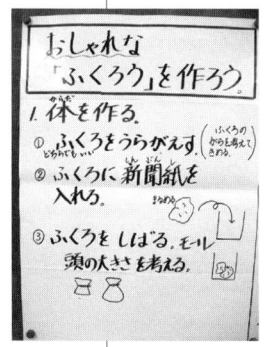

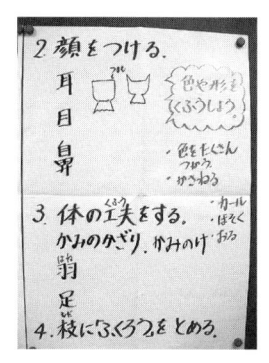

手順表：
1. 体を作る。
   ① ふくろをうらがえす（ふくろのかざりを考えてきめる）
   ② ふくろに新聞紙を入れる。
   ③ ふくろをしばる。モール 頭の大きさを考える。
2. 顔をつける。
   耳 目 鼻 （色や形をくふうしよう）
   ・色をたくさんつかう
   ・かさねる
3. 体の工夫をする。
   かみのかざり、かみのけ
   羽
   足
   ・カール ・ほそく ・おる
4. 枝にふくろをとめる。

○体を作る。 　・新聞紙を入れる。 　・縛る。 ○顔を付ける。 　・目や鼻の形、色を考える。	・今日は、体の部分と顔（目、鼻、口）を作ったら終わりということを確認する。 ・できるだけ一人でやるように話すが、困ったときには、ひもを結ぶときに袋を押さえたり、縛り方を教えたりもする。そのときは、自分でお願いができるように前もって話しておく。 ・形や色などを自分なりに工夫してよいことを知らせる。
3 ふくろ作りをする。 ○体を作る。 　・袋に新聞紙を入れる。	・目、口は自分で形を描き、切り取るようにする。目を作るために3種類の円の型を用意しておき、写してもよいことを話す。 ・接着の仕方がうまくいかない場合は、両面テープ、ボンドを使用したり、押さえたりするように話し、

おしゃれな「ふくろう」を作ろう　61

・首の所をひもで縛る。 ○顔を付ける。 　・目の形を考えて付ける。 　・鼻や口を付ける。 　（時間によって） ○体の工夫をする。 　・髪の毛，耳を作る。 　・羽，足などを作る。	支援をする。 ・工夫しているところや素敵なところを見つけ，褒めて励ますように心掛ける。
4　今日の感想を話し，次時の見通しをもたせる。	「楽しかった」「難しかった」「工夫したか」などをチェックし，自分の言葉で思いを話させる。
5　後片付けをする。	・後片付けまで一人でできるように励まし，支援する。

6 評価

- 楽しい気持ちで学習することができたか。
- 難しいところがあったか。
- 何か，工夫したところはあるか。
- 感想を書き，話す。

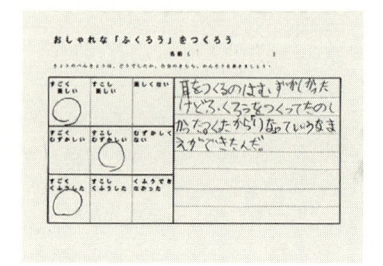

❼ 授業の様子

　本時は，体と顔を作ったが，意欲的に取り組んだ。体（足，羽，髪等）をすぐに作り，制作したふくろうに名前を付けた。次々にふくろうを4羽作ることができた。簡単なお話を考え，交流学級でふくろうを動かしながら創作劇の発表をした。その後，枝にふくろうを止め，掲示できるようにした。

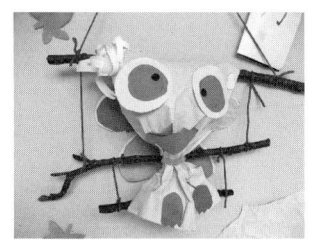

〈大胡　玲子〉

おしゃれな「ふくろう」を作ろう

特別支援学級・小学校

共同制作
「草のつるのジャングルジム」
～草のつるで遊んでいる自分を描こう～

1 ねらい

○体全体を使って，大きな紙にのびのびとした線で，草のつるのジャングルジムを描くことができる。
○草のつるのジャングルジムで遊ぶ自分の姿を想像し，動きのある表現を工夫することができる。
○友達と協力して，大きな作品を作ることができる。

2 学習活動

(1) **校庭の固定遊具で遊ぶ**
  ・ジャングルジム，すべり台，鉄棒などでの遊びを通して，「ぶら下がる」「よじ登る」「滑り下りる」等の体験をする。

(2) **草のつるのジャングルジムを描く**
  ・2m×5mの大きな紙に，体全体を使って草のつるを描く。
  ・発達段階に応じて「グルングルン」「ビューン」等の言葉を使って，積極的な表現を促す。

(3) **草のつるのジャングルジムで遊んでいる自分を描く**
  ・「ぶら下がる」「よじ登る」「滑り下りる」等の言葉をキーワードにして動きのある表現をさせる。
  ・発達段階に応じて「ブラーン」「シュー」等の言葉を使い，イメージをふくらませて表現させる。
  ・草のつるのどの部分に人物を貼り付けるか考えて描く。

(4) **描いた絵を切り取り，ジャングルジムの絵に貼り付ける**
  ・「ぶら下がる」「よじ登る」「滑り下りる」等の動きと草のつる

の関係を考えながら，どこに貼り付けるか考える。
(5) **お互いの作品を鑑賞する。**
　　・工夫したことや友達の作品のよいところを発表する。

③ 指導上の留意点

○固定遊具で遊ぶ場面で「ぶら下がる」「よじ登る」「滑り降りる」「ブラーン」「シュー」などの言葉を意図的に使ってイメージづくりをする。
○草のつるを描く場面では，太い丸筆3～5本を輪ゴムで束ねた筆を使う。
○草のつるは，元から先に向かって描かせる。
○青緑，緑，黄緑，黄色，オレンジ色等を大きめの絵皿に作り，好きな色を使わせる。
○草のつるのイメージをもつことが難しい児童には，「グルングルン」「ビューン」などの言葉を使って動きをイメージ化する。
○人物を描く場面では，顔，手，足など一つ一つの部分に注目させたり自分でポーズをとらせたり，草のつると自分の関係を考えさせたりする。

④ 評価規準

造形への関心・意欲・態度	絵の具で描いていく心地よさを味わいながら，描く活動を楽しんでいる。
発想や構想の能力	草のつるを描く活動を通して想像を広げ，遊んでいる自分の姿を思いつく。
創造的な技能	体全体を使って草のつるの描き方を工夫する。遊んでいる体の動きや顔の表情を工夫する。
鑑賞の能力	自他の作品を見ながら，そのよさや違いに気づく。

5 指導計画 （3時間扱い）

(1) 校庭の固定遊具で遊び,「ぶら下がる」「よじ登る」「滑り下りる」等のイメージをふくらませる。
体全体を使って, 絵の具で草のつるを描くことを楽しむ。 ｝ 第1時

(2) 固定遊具で遊んだことを思い出しながら, つるの中で遊んでいる自分の姿を工夫して描き, 切った絵を貼り付ける。
お互いの作品を見合い, 工夫したことや友達のよいところを発表する。 ｝ 第2・3時

6 授業展開 （第2時）

●共通目標
・つるの中で遊んでいる自分の姿を描くことを楽しもうとしている。 【関心・意欲・態度】
・つるの中で遊んでいる体の動きを思いつく。 【発想・構想】
・遊んでいる体の動きや顔の表現を工夫する。 【創造的技能】
・工夫したところや友達のよいところを発表する。 【鑑賞】

●個人の目標, 支援計画

	題材における児童の実態	目 標	支援の方法
Aさん	・顔の表情や体の動きの表現がパターン化しているが, 積極的に描こうとしている。	・手足の動きや顔の表情を意識して, 大きく描く。	・ポーズをとってみせたり, 目や口, 眉毛の形に注目したりするように声をかける。
Bさん	・手の指や顔の表情は意識して描いているが, 体の細かい動きを表現	・描きたいポーズを考えて描こうとする。	・自分でポーズをとらせることで, 体の動きを意識させる。

66　表現

Cさん	・体の動きや顔の表情を意識して描くことができるが，表現がパターン化している。 ・横向きの人物を描くことができる。	・草のつるとの関係を意識して，楽しいポーズを考えて描く。	・草のつるのどこに自分がいるのか，どんなポーズをしているのかを考えるように声をかける。

(※前の行の続き)「することは難しい。」

●展開

過程時間	学習内容・活動	指導上の留意点 （△指導　◎評価　▲個別の支援）
導入 7分	1　前時の学習を振り返り，本時の活動を見通す。 草のつるのジャングルジムであそぼう！ ・「つるで滑っているところを描きたいな」 ・「つるにぶら下がっているところを描きたいな」 ・「つるにのぼっているところを描こうかな」	△草のつるの絵に人物の絵を2枚貼り，本時の活動のイメージをもたせる。 △前時に固定遊具で遊んだことを思い出させて，どんな場面でどんな動きをしているところを描きたいかを考え，発表させる。 ◎つるの中で遊んでいる体の動きを思いつく。【発】
展開 28分	2　草のつるの中で遊んでいる自分を描き，貼り付ける。	△描きたい内容に応じてクレヨン，色鉛筆，カラーペンの3種類から選択させる。 ▲草のつるのどの部分で，どんなポーズをしている自分なのかを考えさせる。（C） ▲描きたいポーズをとらせ，手や足の動きを意識させる。（B） ▲いろいろなポーズを見せて，描きたいポーズを考えさせる。（A）

共同制作「草のつるのジャングルジム」

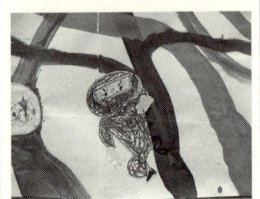

		▲目，口，手，足などを意識できるように声をかける。(A) △絵を描き終わった児童から，草のつるの絵に貼り付けさせる。 ◎つるの中で遊んでいる自分の姿を描くことを楽しもうとしている。【関】 ◎遊んでいる体の動きや顔の表現を工夫する。【創】
整理 10分	3　本時の学習を振り返り，自他の作品のよさを味わう。	△自分の工夫した点，友達のよいところを発表させる。 ◎工夫したところや友達のよいところを発表する。【鑑】
	4　次時の学習の確認をする。	△人物だけでなく，動物，木の実，葉などを描き，完成させることを伝える。

●個人評価

- Aさん　手足の動きや顔の表情を意識して，大きく描くことができたか。
- Bさん　描きたいポーズを考えて描こうとしていたか。
- Cさん　草のつるとの関係を意識して，楽しいポーズを考えて描くことができたか。

太い筆を使い，体全体を使って草のつるを描く

ぶら下がる・よじ登る・滑り下りる等の動きを表現する

〈寺内　雅之〉

特別支援学級・小学校

体全体を使い，材料を重ねたり並べたりして表すことを楽しむ
～身近にある材料を使って遊ぼう～

1 ねらい

○ 身の回りにある材料を使って，手や体全体の感覚（触覚，バランス感覚，視覚，聴覚）を働かせ，並べたり重ねたりしながら造形活動を楽しむ。
○ 友達と一緒に活動することで空間意識を養い，物や人との豊かな関係性を育てる。
○ 身の回りの材料から豊かな発想をして，作る楽しさを感じながら活動に取り組もうとする力を育てる。

2 学習活動

(1) **様々な材料に触れて，並べたり重ねたりする**
 ・学習していく過程で，材料を少しずつ増やしていきながら，材料の触感や特性を意識して，並べたり重ねたりしていく。
(2) **できたものを見合い，どんなものを作ったのか話し合う**
 ・作ったものを見合い，友達の作品のよいところを見つけ，どんなものに見立てて作ったのかをみんなで共有する。
 ・作ったものから発想を広げ，次時へのめあてとしていく。
(3) **友達と協力しながら，ミラクルワールドを作る**
 ・今までの活動を思い出し，お城やタワー，山などに見立てて，材料を重ねたり並べたりしてミラクルワールド作りをする。
(4) **みんなで作ったミラクルワールドを振り返り，絵に描く**
 ・ミラクルワールドを思い出しながら，豊かに発想して絵に表

す。

③ 指導上の留意点

○ 限られた空間で行うので、並べたり重ねたりしているときには、他者との空間を意識して行うようにする。重ねたものが倒れたり、並べたものが崩れたりしても、作り直して、みんなで楽しめるように配慮する。
○ 材料を少しずつ増やしていくことで、興味をもたせ、できるだけいろいろな材料に触れて、手触りや重さ、質感などを感じることができるように配慮する。
○ 作っていくなかで、イメージをふくらませていくように声かけをしていく。
○ 友達のやっている方法に目を向けさせたり、新しい方法を示したりして、手先を上手に使い、並べ方や重ね方を工夫できるようにする。

④ 題材名「ならべて　かさねて　ひろげて　ミラクルワールド」

●ねらい
・様々な材料（紙コップ、筒、いろいろな形の板、ロープ、スカーフ、ビーンズバッグなど）の触感や特性に親しみながら、体全体を使って並べたり重ねたりする活動を楽しもうとしている。
・材料を組み合わせて、並べたり重ねたりしながら、いろいろな形や面白い形を考えている。
・様々な材料の並べ方や重ね方を工夫している。
・友達と協力して作ることを楽しんでいる。

▶指導計画（全6時間）

1　ならべて，かさねてみよう（1時間）
・紙コップ，筒，三角形や四角形の板を並べたり重ねたりする活動に慣れる。 ・並べたり重ねたりすることに楽しさを感じ，いろいろな方法を見つける。
2　ならべて，かさねてみよう（2時間）
・新しい材料（スカーフ，ロープ，ビーンズバッグなど）を加えて，並べたり重ねたりして，発想を広げながら思いのままに作る。 ・どんなものができたか，みんなで見合い，次時のめあてを考える。
3　みんなで「ミラクルワールド」を作ろう（2時間）
・今までの活動を思い出し，より発想を広げて自分たちの「ミラクルワールド」を表現する。 ・友達と協力して「ミラクルワールド」を作る。
4　ふりかえりの絵を描く
・みんなで作った「ミラクルワールド」を思い出して，振り返りの絵を描く。

5 個別の指導計画

▶児童の実態

	Aさん	Bさん	Cさん
発想や構想の能力	・造形活動には進んで取り組む。 ・実物を見て表現する意識がまだ弱く，絵を描くときには，知っている文字を書くことが多い。	・造形活動に進んで取り組むが，自分の思いがあり，表現内容に変化がないときが見られる。	・自分の思いを形に表すのに，時間がかかってしまうことがある。そのため，制作時間内に作品が完成しないことがある。
創造的な技能	・様々な表現方法に触れながら，指先や手先の巧緻性を	・同じやり方や材料にこだわってしまうことがあり，新	・自分の思いを表現するときにはこだわりがあり，うま

	養っている段階である。	しい表現方法に少しずつ取り組んでいる。	くいかず,一人で悩んでいるときがある。
人・ものとの関係性	・一人でものづくりをすることが好きである。友達や教師に作品を見てもらおうとする気持ちが芽生えはじめている。	・友達と一緒に作ることはまだあまりない。	・少しずつ,友達と一緒に作ることができるようになってきている。

●学習展開（第4・5時）

3　みんなで「ミラクルワールド」を作ろう		
ねらい	Aさん	いろいろな材料を,手先をたくさん使って並べたり重ねたりして,豊かに表現をする。
	Bさん	友達と一緒に発想を広げて,新しい表現にも取り組もうとする。
	Cさん	表現したい内容を考え,友達と楽しみながら作る。

学習活動	個別の支援		
	Aさん	Bさん	Cさん
1　めあての確認をする。 ・みんなでミラクルワールドを作ろう。	・本時のめあてを,写真カードや説明を聞いて確認する。	・本時のめあてを,写真カードや説明を聞いて確認する。	・本時のめあてを確認する。
2　並べたり重ねたりしながら,友達と協力して,発想を広げながら	・指導者と一緒に,指先を十分に使って,重ねられるようにしていく。	・いろいろな材料の触感を感じ,興味をもてるようにする。	・前時のことを思い出し,発想を広げていけるようにする。

体全体を使い,材料を重ねたり並べたりして表すことを楽しむ　73

作品づくりをする。
・いろいろな材料を使い、並べたり重ねたりする。

| ・一人で作っていても、周りの友達に関心を向けるように声かけをして、作品をつなげていき、協同して作品づくりができるようにする。 | ・友達の作ったものにも興味がもてるように、作品づくりの過程で見合う。 | ・指導者と一緒に、並べたり重ねたりする楽しさが感じられるようにして、作品づくりを行う。 | ・友達の作ったものを見合いながら、さらに発想を広げていくようにする。 |

| 3 みんなで見合って、感 | ・友達と一緒に作ったことを褒め | ・いろいろなものに見立てなが | ・作品全体を見渡し、みんなで協 |

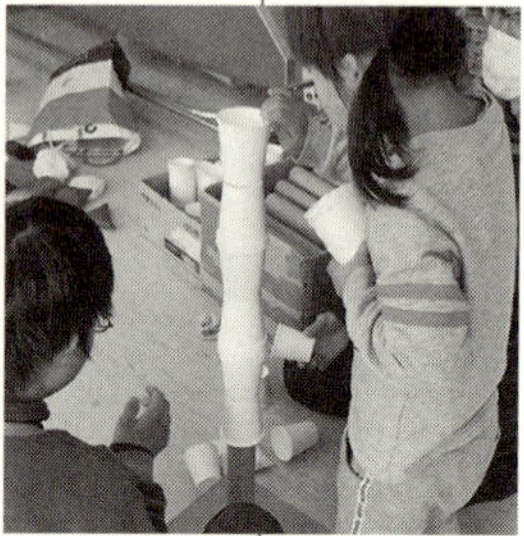

74 表現

| 想を話し合う。 | る。
・並べたり重ねたりできたことを褒める。 | ら，作品づくりができたことを褒める。 | 力して作ったよさを実感できるように声かけをし，褒める。 |

6 評価

　今回の活動では，材料を多様に用意し，よりダイナミックに作品づくりを行えるようにした。自ら材料に手を伸ばし，友達と一緒に協同して作品を作ってみようという主体性と，造形活動の中でのものや他者との関係性をねらった。Aさんは最初に材料に触れたときには，同じ材料を使って，作っては壊し，作っては壊していた。また，Bさんは材料の感触を楽しんでいた。しかし，徐々に新しい材料に興味をもち，友達と一緒に並べたり重ねたりして，協同して作る楽しさを感じ，活動を広げていく様子が見られた。Cさんは友達と一緒に作る楽しさを感じ，いろいろなものに見立てて作品を作っていく過程で，友達と作品をつなげていき，発想を広げていく様子が見られた。最後に描いた絵は，とても彩り豊かなものになり，いつも字を書いていたAさんも色鮮やかな絵を描くことができた。

〈加藤　守昭〉

特別支援学級・小学校

○○学級ギャラリーに飾ろう
~季節の飾りを作ってみんなに見てもらおう~

1 ねらい

○季節の花，虫，行事の飾りなどを作ることで，季節や行事に関心をもつことができる。
○折り紙，画用紙，色画用紙，セロハン，はさみ，のり，カッター，水性ペン，クレパス，色鉛筆，セロハンテープ，両面テープ，ホッチキスなど，いろいろな材料・用具を使用するなかで，名前，使い方，表現の仕方を覚える。
○作ったものを昇降口に飾り，通常の学級の友達や先生方に見てもらい，作品交流をする。

2 学習活動

(1) **季節や行事に合わせた作品を作る**
 ・単元のはじめには，「○月と言えば何か？」を毎回質問する。季節の行事が書かれている絵辞典などを用い，視覚的に確認する。

(2) **様々な活動を取り入れる**
 ・本時の題材に，「切る」「貼る」「型を取る」「描く」「折る」など，様々な活動を取り入れる。

(3) **主体的に取り組める活動とする**
 ・できるだけ一人で取り組める題材とする。出来上がりは，同じ作品ではあるが，立体作品が難しい場合は，平面作品でほぼ似たような作品に仕上げられるようにする。

③ 指導上の留意点

○ 4月は桜，チューリップ，蝶など，5月はこいのぼり，端午の節句のかぶとなど，6月は梅雨，あじさい，かたつむりなど，7月は七夕……といったように，その月ごとに花・虫・行事に興味・関心がもてる題材を設定する。
○ 型取りが難しい児童には，事前に印を書いたものを渡す。印の線が見えにくい場合は，太い線で書く。
○ 折り紙のように立体作品が難しい場合は，平面作品で似たような作品に仕上げられるようなものを準備する。
○ できるだけ一人で仕上げられるように，まず，完成した作品を示し，全体像をつかませる。その後，作り方の順番を視覚的に提示する。または，作りながらポイントを説明する展開とする。
○ 教師の配慮を多く必要とするグループ，教師の配慮が少しでよいグループ，一人でまたは友達のものを参考にしながら作ることができるグループと，座席配置を工夫する。

④ 題材名「○○学級 ギャラリーに飾ろう」
〜ミニこいのぼりを作って，大きなこいのぼりを作ろう〜

●ねらい
・線をよく見て，はさみで切ることができる。（Aグループ）
・切った紙を，のりの量を加減して貼ることができる。（Aグループ）
・線をよく見て，カッターで切ることができる。（Bグループ）
・型紙を当て，なぞって線を描くことができる。（Bグループ）
・切り取った場所の大きさに合わせてセロファンを切り，のりの量を加減して貼ることができる。（Bグループ）

●指導計画（全2時間）

Aグループ	Bグループ
1 うろこを，線をよく見てはさみで切る。 ・細い線が難しい場合は，太い線にする。	1 台紙にうろこの型を当て，自分で切り取り線をなぞって書く。
2 うろこをすべて切ったら，見本を見て，のりで貼る。 ・貼る場所に印を付けておく。	2 切り取り線をよく見てカッターで切り取る。
3 目玉を付ける。 ・大きい白丸シールを用意し，油性ペンで黒目を描き，台紙に貼る。	3 切り取った箇所の大きさに合わせて，セロハンを切って貼り付ける。 ・セロハンの色の貼り方は，自由にする。
	4 目玉を付ける。 ・丸い型を渡し，自分で型取りをする。切り取って，黒目を書いて台紙に貼る。

＊どちらのグループも，一人2枚作る。Bグループについては，3枚以上でもよいことにする。

＊12か月，それぞれの題材ごと全2時間，発達段階別グループごとの指導計画を立てる。

5 個別の指導計画

●児童の実態

Aさん	Bさん
・中度の知的障害である。 ・はさみを使って直線を切ることはできるが，切り口がギザギザになってしまう。	・発達障害である。 ・カッターを使って直線，曲線を切ることはできるが，曲線の切り口がギザギザになってしまう。

・曲線は，紙を動かしながら切ることを練習中である。 ・のりの量は，加減ができる。どこにのりを付ければよいかは，印を付ける必要がある。 ・集中時間が短いので，教師が近くで言葉をかけながら行っている。	・のりの量の加減が難しく，出来上がった作品がベトベトになってしまう。 ・自分なりの工夫を考えることができ，集中して学習に取り組むことができる。

●学習展開

Aさん	
ねらい	はさみで，直線をなめらかに切ることができる。
学習活動	個別の支援
1 作り方の説明を聞く。 2 切り取り線の描いてあるうろこを9枚持って行く。 3 線をよく見て，はさみでうろこを切る。 4 台紙の線が描いてある所にうろこを貼る。 5 大きい白丸シールに油性ペンで黒目を描く。 6 台紙の位置に目玉を貼る。	・出来上がりを見せ，全体像をつかめるようにする。 ・作り方の順番を視覚的に掲示する。 ・はさみの動かし方を師範し，刃の奥を使うように言葉をかける。 ・台紙の線を意識するように言葉をかける。 ・黒目を描く種類を提示する。

Bさん	
ねらい	のりの量を加減して貼ることができる。
学習活動	個別の支援
1 作り方の説明を聞く。 2 台紙の上に型紙をのせ，切り取り線を描く。 3 線をよく見て，カッターでうろこを切る。 4 切り取った箇所の大	・出来上がりを見せ，全体像をつかめるようにする。 ・作り方の順番を視覚的に掲示する。 ・曲線を切るときは，台紙を回して切るやり方を見せる。 ・台紙のうろこの周りに線をのりしろの線を書

| きさに合わせてセロハンをはさみで切る。
5　台紙の周りにのりを付け，セロハンを貼る。
6　大きい白丸シールに油性ペンで黒目を描く。
7　台紙の位置に目玉を貼る。 | く。
・のりを程よい量を付けたうろこと，たくさんの量を付けたうろこを見せ，触らせたうえで，違いを言葉で表現して意識を促す。
・黒目を描く種類を提示する。 |

6 評価

【Aさん】

・はさみの先で切ることから，奥で切ることを覚えた。奥を使って一度切り，刃の半分まで切ったら，そこでまた刃の奥を進ませて，また刃の半分まで切るという切り方を，題材が変わっても繰り返し練習した。だんだんと，ギザギザが少なく，なめらかな切り口に仕上がってきた。

【Bさん】

・のりを程よい量を付けたものと，たくさんの量を付けたものの出来上がりを見比べたり，触らせたりすることで，意識を促すことができた。特に，出来上がって作品が乾いてから飾ったとき，他の人より自分の作品が縮んで形が崩れているのを見て，「量が多かった，次の作品を作るときは気を付けよう」という意識につながった。

⑦ 授業の様子

型を使って色画用紙にうろこの切り取り線を描いている

作業手順と見本

カッターで慎重にうろこを切り取っている

　作品を通して特別支援学級への理解と交流をと考え，昇降口正面の窓を「○○学級　ギャラリー」として，毎月作品を展示。通常の学級の児童・教員にも季節を感じてもらえるように工夫した。さらに，この取組について，保護者や来校された地域の皆様への理解・啓発につながるよう，学校のホームページに掲載した。

〈佐々木　光子〉

特別支援学級・小学校

学習している自分を絵に表そう
~自分の「強み」を生かして描く~

1 ねらい

○今までの学校生活を振り返り，学習の中で楽しかったことやがんばったことなどが伝わるようにして絵に表す。
○自分の「弱み」を補いつつ，自分の「強み」を生かすことによって課題を解決していくことができる。
  ・「弱み」＝発達の凹部分，能力の「谷」＝例）空間認知能力
  ・「強み」＝発達の凸部分，能力の「峰」＝例）１点への集中力
○写実的な絵を完成させることを通して達成感を味わい，自尊感情を高める。

2 学習活動

(1) 今までの学習の様子を振り返り，印象に残る学習場面を題材として決める
  ・楽しかったことやがんばったことなど，いろいろと思い出す。
  ・どんな場面が印象に残ったか，友達と話し合う。
(2) **下絵を描く**
  ・写真を活用して鉛筆で下絵を描く。
  ・油性ペンで鉛筆書きの線を丁寧になぞる。
(3) **彩色する**
  ・色の濃淡や筆のタッチを工夫する。
  ・下絵の線からはみ出さないように丁寧に彩色する。
(4) **鑑賞する**
  ・自分や友達の絵を見て，表現方法のよさや工夫した点を見つ

け，意見交流する。

③ 指導上の留意点

○学習の様子を思い出す段階では，学級通信の写真や行事作文（絵日記）を活用する。また，児童からの感想も箇条書きで板書していき，学習場面を決める材料を視覚化する。
○絵に表す場面を決める段階では，教科や領域だけでなく，「いつ」「どこで」「だれと」「何を」「どのように」といった詳細な状況も教師が引き出し，臨場感をもって場面を思い出せるようにする。
○下絵の構図決定には写真を活用する。最初に，学習の様子を再現した児童の姿をデジタルカメラで撮影して，Ａ４サイズにカラー印刷する。次に，鉛筆でトレーシングペーパーに写し取らせ，Ａ３サイズで２枚分まで拡大コピーする。最後に，カーボン紙でマーメイド紙に下絵を複写させる。
○彩色する段階では，以下の３点について助言する。
　①水をたっぷり含ませて絵の具を薄く使う。
　②筆は垂直に立てて持ち，筆先だけ使って，軽くトントントンと色を画用紙に「置く」ようにする。
　③下書きの黒い線は踏まない。
○鑑賞する段階では，「どこが」「どのように」と具体的によさを見つけさせる。

④ 題材名「学習している自分」

●ねらい
・学習の様子を思い出し，楽しかったことやがんばったことなどを絵に表して伝えることに取り組むことができる。
・表したいことが伝わるように，設定や色，構図などを考えることができる。

- 表したいことが伝わるように、色の表現方法や構図などを工夫することができる。
- 描く対象に決めた学習の場面や表現の仕方について友達と話し合い、自他の作品のよさや表現の工夫を感じることができる。

●指導計画（全10時間）

1　学習場面を思い出す（1時間）
・今までの学習を振り返り、楽しかったことやがんばったことなど、いろいろと思い出す。 ・どんな場面が印象に残ったか、友達と話し合う。

2　学習場面を決める（1時間）
・どの場面でどんな学習をしていたか、臨場感をもって描くことができるように、詳細かつ具体的に決める。 ・そのときの様子を再現し、デジタルカメラで撮影する。

3　下絵を描く①（1時間）
・カラープリントした写真の上にトレーシングペーパーを載せ、鉛筆でなぞって下絵を描く。 ・ペーパーがずれないようにテープ等で留める。

4　下絵を描く②（1時間）
・拡大コピーしたトレーシングペーパーをマーメイド紙の上に載せ、カーボン紙を使って複写する。 ・複写した線を油性ペンでなぞり、下絵を完成させる。

5　彩色する①（3時間）
・「自分」を彩色する。
・色の濃淡や筆のタッチを工夫する。
・彩色する範囲を小さく限定し，集中して丁寧に彩色する。
6　彩色する②（2時間）
・「背景」を彩色する。
・色の濃淡や筆のタッチを工夫する。
・「自分」よりも色を薄くし，「自分」が引き立つようにする。
7　鑑賞する（1時間）
・自分の絵を見て，表現方法のよさや工夫した点を見つける。
・友達の絵を見て，表現方法のよさや工夫した点を見つける。
・絵日記に絵や文章で感想を表す。

5 個別の指導計画

●児童の実態

	Aくん
表　現	・自分で表し方を構想することは不得手。見本を写すことも困難。 ・手先の細かい作業は非常に丁寧で得意。
鑑　賞	・作品のよさを見つけ，発表したリプリントに書いたりするには教師の支援が必要。
社会性	・関心のあることにはこだわりを示す。 ・音や臭いなどの刺激には過敏・過剰に反応する。
学習状況	・平仮名の拾い読みができる。漢字は視写できるが筆順は不正確。 ・ブロックや九九表を使えば簡単な四則計算ができる。

●学習展開（第5時）

5　彩色する①
ねらい	下絵の線を踏まず，筆先を使って色に変化をつけながら自分の顔を丁寧に彩色することができる。

学習活動	個別の支援
1　パレットに「色のプール」を作る。	・本時の学習課題を確認する。 ・筆にたっぷりと水を含ませ，パレットの広い部屋に「水のプール」を作らせる。 ・肌の色は，黄土色をベースに白や黄色を少しずつ加えながら調整させる。 ・パレットの同じ部屋に，色の混ぜ具合が微妙に違う複数の「色のプール」を作らせる。 ・色合いの違う肌の色を適宜調整させる。 彩色する
2　彩色する。	・筆先を使ってトントントンと「色を置く」ように彩色させていく。 ・下絵の線を踏ませない。 ・筆2本以上を交代で使い，色調が一本調子にならないように変化をつけさせる。 彩色の途中（絵）

6 評価

・学習の場面を思い出し，絵に表して伝えることに取り組んだか。
・表したいことが伝わるように表現方法や構図などを工夫したか。
・自他の作品のよさや表現の工夫を感じることができたか。

7 授業の様子

トレーシングペーパーをなぞる

完成した絵

〈神藤　晃〉

学習している自分を絵に表そう　87

特別支援学級・小学校

絵の具の垂らし込み技法と酒井式描画法で表現しよう
～シャボン玉を吹く自分を描こう～

1 ねらい

○シャボン玉を作る体験から，画用紙にシャボン玉を描いて表現する。
○自分の手や体，顔の各部分を確認しながら表現する。

2 学習活動

(1) **実際にいろいろなシャボン玉を作る**
　・シャボン玉を作るために必要なことやものを知る。
　・実際にハンガーやストロー等でいろいろな大きさのシャボン玉を作る体験をする。

(2) **垂らし込み技法でシャボン玉を表現する**
　・いろいろな形のシャボン玉をダーマトグラフで描く。
　・水をつけた筆で紙に多めに水を塗り，絵の具を垂らしたあとのにじむ広がりでシャボン玉の色を表現する。

(3) **ストローと手を描く**
　・手のひら，手の甲，つかむ手，動きのある手を練習したあと，ストローとストローを持つ手を描く。
　・ストローを持った際の指や爪，指の曲がり具合を，自分の手で確認しながら細かいところまで描く。

(4) **ストローを吹いている自分を描いて表現する**
　・既習事項のシャボン玉，ストローとストローを持つ手に加えて，体や顔の各部分に順番を決め，顔の中心から外に向かって描いていく。下絵には，ダーマトグラフを使う。

・絵の具は，赤・青・黄・白・黄土色の5色だけ使い，体や顔の各部分の色を自分で作る。線の上は塗らない，はみ出さない，一度塗ったところは塗らないことを注意して塗る。

③ 指導上の留意点

○シャボン玉を割れにくくするために，シャボン玉を作る際に洗濯のりをかなり入れた。
○様々なシャボン玉が作れるように，身の回りの穴が開いているものをたくさん用意する。
○シャボン玉の線は，ダーマトグラフを使用する。白画用紙を使う。
○シャボン玉の線の内側に水を塗ったら，乾かないうちに薄めの絵の具を垂らすようにする。
○垂らし込みで絵の具を垂らす際に，一度絵の具を垂らした上に別の色を垂らさないようにする。絵の具を垂らしたら，いじったり筆を動かしたりしないで，にじむ様子を見る。
○背景の色を塗らなくてもいいように，薄い色の色画用紙に描かせる。
○ストローを持つ手，顔や体を描くときには，描く順番を細かく提示することで一つ一つの部分に意識を向けさせるとともに，形の取りにくい児童でもまとまった絵として表現できるようにする。
○表現に自信がない児童には，部分ごとにいろいろな形の見本を提示し，一番自分に近いと思うものを選択させ，見本を見ながら，その部分を描かせる。
○顔や体の彩色の際は，ダーマトグラフの線の上を塗らないように，はみ出さないように，ゆっくり塗ることを伝える。

絵の具の垂らし込み技法と酒井式描画法で表現しよう

4 題材名「シャボン玉を吹く自分を描こう」

●ねらい
・実際に作ったシャボン玉の形をダーマトグラフで表すことができる。
・シャボン玉の色を垂らし込み技法で表すことができる。
・ストローを持つ手の指や爪，指の関節など，自分の手を目で確認しながら，指示された順番で描くことができる。
・体や顔の各部分を順番通りに描くことができる。
・色を自分で考えて作り，線の上は塗らない，はみ出さないを意識して塗ることができる。

●指導計画（7時間）

1　シャボン玉を描く（2時間）
・ダーマトグラフでシャボン玉の形の線を描く。 ・白画用紙を使う。垂らし込み技法で，彩色する。
2　ストローとストローを持つ手を描く（1時間）
・基本的な手の描き方を練習する。 ・四つ切り色画用紙（薄いグレー，薄い水色，クリーム色から選ばせる）に，ストローを描く。そのあとにストローを持つ手（手の甲，親指，人差し指，中指，薬指，小指，関節，爪）の順番で描く。
3　顔を描く（1時間）
・鼻，口，目，まつ毛，まゆ毛，あご，ほっぺた，耳，髪の毛の順で，各部分を触ったり，鏡で見たりして描く。
4　体を描く。目玉を描く
・胴体（服）を描く。手のひらと肩をつなぐように袖から腕を描いていき，右腕は右手，左腕は左手につなげる。 ・最後に自分がどこを見ているかを考えながら，目玉の位置を決めて書く。

5	シャボン玉を貼る（1時間）

・垂らし込みで描いたシャボン玉を切る。
・切ったシャボン玉（複数）を絵の上に置いてみて，ストローから出ているシャボン玉，空中を飛んでいるシャボン玉等，全体の配置を考える。
・シャボン玉をのりで貼る。

6	色を塗る（1時間）

・①口，ほっぺ，②鼻，耳，手，肌，③髪の毛，④目，つめ，⑤ストロー，⑥洋服，の順番で彩色する。

5 個別の指導計画

●児童の実態

	Aさん	Bさん
話す 聞く	・説明を聞いて，正しく活動できることが増えてきた。 ・単語で伝えることは多いが，自分の気持ちや要求を伝えられる。	・相手を見て聞くことができ，説明を聞いて内容を理解できる。 ・出来事を順序立てて話すことができる。
学習状況	・細かい手指操作の取組でできないときは，「手伝ってください」と伝えられる。継続して取り組むことができるようになってきた。	・注意事項や約束を意識しながら，自分なりの工夫を取り入れて，最後まで集中して取り組むことができる。

●学習展開（第1時）

1	シャボン玉を描く		
ねらい	Aさん	・手本と同じくらいの大きさでシャボン玉の形が描ける。 ・絵の具を垂らしたあと，筆を動かしたり，いじったりせず彩色できる。	

Bさん	・手順表や説明に沿って一人で取り組める。 ・一人で垂らし込み技法で彩色できる。	

学習活動	個別の支援	
	Aさん	Bさん
1　学習の流れを知る。 2　シャボン玉の形や大きさ，彩色の際の注意事項を知る。	・手順表を提示し流れを知る。 ・実際にシャボン玉の大きさや形，垂らし込み技法の手本を見て知る。	・手順表と説明を聞いて流れを知る。 ・シャボン玉の大きさや形の見本を手掛かりにする。実際に手本として垂らし込み技法を見る。
3　シャボン玉の形をダーマトグラフで描く。 ・評価する	・必要に応じて声かけをする。 ・形や大きさを指導者が評価し，複数描くよう伝える。	・事前に手本を手掛かりにするよう声かけをする。 ・形や大きさを指導者が評価し，複数描くよう伝える。
4　垂らし込み技法で彩色する。 ・評価する	・同じ部分に絵の具を垂らさないよう，塗っていない部分を塗るよう声かけする。 ・同じところを塗っていないか，塗っていないところはないか確認し，評価する。	・筆で塗る水の量や垂らし込む絵の具の色の濃さを調節するよう声かけをする。 ・にじみ具合や絵の具の色の濃さを一緒に確認し，評価する。
5　まとめ	・シャボン玉の形と大きさ，垂らし込み技法での彩色でできたシャボン玉を褒める。	・シャボン玉の形と大きさ，垂らし込み技法での彩色でできたシャボン玉を褒める。

6 評価

・シャボン玉の形を描くことができたか。

・垂らし込み技法を行って，彩色できたか。
・手順表や説明を聞いて理解し活動することができたか。

7 授業の様子

〈伊藤　智弘〉

[参考文献]

向山洋一編，酒井臣吾著『小学校の「苦手な絵」を㊙ワザで完全攻略』PHP研究所，2008年

酒井臣吾監修，石間戸宗明編著『これが幼児の絵!?　魔法の酒井式描画法』明治図書出版，2005年

特別支援学級・中学校

コラージュで表現しよう
~発想をふくらませながら表現する楽しさを味わおう~

1 ねらい

○材料となる素材に積極的にかかわり,素材の特徴をもとに発想したり,素材から感じたことをテーマに結び付けたりしながら,想像力を働かせて作ることができる。
○感じたことを表現したり,仲間の作品を見たり,話を聞いたりして,表現のよさや面白さを感じ取ることができる。

2 学習活動

(1) 自分の表現したいテーマを決める
 ・自分の生活や経験した行事などを振り返って,表現したいテーマを考える。
 ・雑誌やチラシを見たり,いろいろな素材を触ったりしながら,実際にコラージュを試して,表現したいイメージをふくらませる。

(2) 自分の考えたテーマをもとに作品を作る
 ・素材を色味として使ったり,違うものに見立てて使ったり,写真や文字をそのまま生かして使ったりしながら,自分なりの発想で表現する。
 ・素材を探して貼っていくなかで,イメージ通りになったことや,違っていることを感じたりしながら,表現したいものを深めていく。

(3) **自分や仲間の作品について，よいところや工夫した点について伝え合う**
   ・自分なりの自由な発想で作品づくりに取り組むなかで，明確になった自分の表現したいことや，仲間の作品から感じ取ったことを，制作途中や完成後の発表会で伝え合う。

３ 指導上の留意点

○感性を働かせながら表現することの楽しさを十分に味わうことができるように，いろいろな発想をもって取り組んでよいことや，イメージと違った場合は貼り重ねてもよいこと，テーマ自体を変更して取り組んでもよいことを伝える。
○用具の使い方などは積極的に支援し，表現する楽しさを感じられるようにする。
○イメージを具現化できるように，使用する素材の扱い方を具体的な例を交じえて提示する（形：そのものの形に沿って切る，切って組み合わせて形を作る。貼り方：重ねる，まっすぐに貼る，斜めに貼る。色：背景色として使うなど）。
○いろいろな発想をもって制作できるように，素材の使い方の意外性や表現の仕方の意外性を感じられる提示を行う。
○作品について振り返ることができるように，用意された素材以外のものを使ってテーマを表現するとしたら，どんなものを使うのか聞いていく。
○仲間の作品のよさや表現方法のよさに目を向けることができるように，壁面を使って制作活動を行う。仲間や自分の作品をいろいろな距離や角度から見てもよいことや，仲間の制作している様子を自由に見ながら制作に取り組んでよいことを伝える。

4 題材名「コラージュをしよう」

▶ねらい
- コラージュの表現に興味をもち，様々な素材を使いながら作品を作ることができる。
- 自分の表したいテーマに向かって，素材の使い方を工夫して作品を表現することができる。
- 自分や仲間の作品のよさや面白さ，工夫したところを見つけることができる。

▶指導計画（全5時間）

1 コラージュってなに？（1時間）
・様々な現代美術のコラージュ作品を鑑賞し，コラージュについて知る。 ・雑誌やチラシなどを見ながら気に入ったものを切り貼りして，表現できる楽しさを味わい，自分の表したいテーマを決める。
2 コラージュをしよう（3時間）
・設定したテーマをもとに，雑誌やチラシ，リボンなどを素材として生かしながらコラージュを制作する。 ・制作途中の自分や仲間の作品を見ながら，工夫しているところやどんな思いをもって表現をしているのかをお互いに伝え合う。
3 コラージュ作品展をしよう（1時間）
・作品を作り進めていくなかで，はっきりしたテーマやイメージを仲間と伝え合う発表会をする。 ・完成した作品をお互いに見ながら，作品のよさや工夫した点を交流する。

5 個別の指導計画

▶生徒の実態

	Aさん	Bさん
表 現	・手本を見て形づくったり，	・表したいことを今まで経験

	絵を描いたりすることは得意であるが，そのときの状況を思い浮かべたり，想像をふくらませたりしながら作品を作ることが苦手である。	したことと結び付けながら，状況を思い浮かべることができるが，それらを作品として表現することが難しい。
鑑　賞	・友達の作品のよさや作り方で工夫しているところを取り入れて作品を作る姿は少ない。	・教師や仲間のよいと感じたことを，意欲的に自分の作品づくりに取り入れようとする姿が見られる。
材　料 用　具	・教師から質問されたり，見比べるように声をかけられたりすると，色の違いについて考え，混色して近い色を作り塗ることができる。	・微妙な色の違いに気づきその色に近づけようとするが，色を作ることができずに困っていることがある。
学習状況	・絵を描いたり工作をしたりすることが好きである。 ・次に何をすべきか，相手がどんな思いをもっているのかを考えながら話を聞くことが難しい。	・自分の思いはあるが，失敗を恐れて，自分の考えを積極的に伝えたり表現したりすることが少ない。

●学習展開（第3時）

2　テーマに沿う素材を選び，様々な作品のよさを生かしながら表現方法を工夫して作品を作ることができる		
ねらい	Aさん	・テーマに沿う素材を選び，切り方，貼り方，配置を考えながら作品を作ることができる。 ・自分の作品を紹介したり，友達の作品から感じたことや工夫している点に気づいて伝えたりすることができる。
^	Bさん	・テーマに沿う素材を選び，素材から感じ取ったことを生かして，切り方や貼り方，配置を工夫しながら作品を作ることができる。

コラージュで表現しよう　97

| | ・自分の作品や表現方法の意図を発表したり，友達の作品の表現方法のよさを具体的に発表したりすることができる。 ||

学習活動	個別の支援	
	Aさん	Bさん
1 道具の準備をする 2 前時の学習を振り返る。 ・自分や仲間の作品を見て，表現していることや工夫について考える。	・仲間の作品の意図や工夫している点について考えられるように，制作した本人や仲間の発言から出てきた特徴的な部分や工夫した点をテレビで大きく映し出す。	・自分の考えを整理しながら次の活動に取り組めるように，工夫している部分をテレビに映し出し，どのような意図で表現したのか仲間に伝える場面を設ける。
3 自分の作品の完成に向けて，素材を選んで，画用紙に貼っていく。	・表そうとしていることがはっきりしてくるように，制作途中の作品のイメージを聞いたり，素材から感じたイメージを質問したりする。	・表現を自分のイメージに近づけていくことができるように，用意された素材以外でどんな素材を使いたいのか質問し，イメージに合う素材を持ち寄ってもよいことを伝える。
4 仲間の作品を見よう。 ・お互いの作品を鑑賞し，作品のテーマや工夫したところ，よさを発表する。	・出来上がった自分の作品を振り返ったり，仲間の作品の細かい点に着目したりできるように，自分や仲間がどんなところに工夫をしていたのか，発表する際に出てきた言葉を板書する。	・イメージがふくらんだり深まったりしていることを実感しながら取り組むことができるように，事前に聞き取った取り組む前のイメージを教師が伝えるとともに，どんな意図をもって取り組んできたのかを仲間に伝える場面を設ける。

6 評価

- 考えたことや感じ取ったことをもとに,素材の切り方や貼り方,配置などを工夫しながら作品を完成させることができたか。
- 自分や仲間の作品の意図について考え,作品のよさや面白さに気づけたか。

7 授業の様子

写真1　壁に貼りながら制作を進める

写真2　額縁を作り完成

〈石川　基樹〉

コラージュで表現しよう　99

特別支援学級・中学校

墨が生み出す豊かな世界を味わおう
~鑑賞と表現を通して~

1 ねらい

○ 自分の考えを相手にわかりやすく伝え，相手の意見を受け入れるコミュニケーション能力を育成する。
○ 水墨画の鑑賞や表現を通して豊かな感性を育て，自信をもって表現活動に取り組むことができるようにする。

2 学習活動

(1) 水墨画を鑑賞し，感想を発表し合う
・導入で教師の参考作品を提示することにより，水墨画を身近に感じ，関心をもって授業に取り組むことができるようにする。
・鑑賞用作品は，水墨表現の幅広さを理解できるように異なる特徴を備えたものをいくつか選ぶ（教科書『美術　2・3上』日本文教出版）。

①「秋冬山水図」
雪舟等楊：力強い輪郭線による構築的な空間表現

②「山市晴嵐図」
玉澗：豊かな余白を生かした作品

③「春宵花影図」
松林桂月：写実的な描写と空気感の表現

④「指月布袋図賛」
仙厓義梵：簡略かつユーモアがある作品

(2) **水墨画の基本技法を学び，「竹」を描く**
- 水墨画の基本技法をいくつか練習し，墨と筆に慣れさせる。
- 作業手順が理解できるように，教師が手本を示し，手順を確認する。
- 基本技法を活用し，「竹」を自分で描く。

(3) **鑑賞や表現を通して感じた水墨画の美しさやそのよさを発表し合う**
- 学習カードに感想を書いてから発表することで，考えをまとめ，言葉で相手にわかりやすく伝える準備をする。

(4) **基本技法をもとに自由な発想で自分の水墨画を表現する**
- 水墨画の作品例を見せて，発想をふくらませ，自分なりのイメージをもつことができるようにする。
- 基本技法の見本シートを見ながら自分の作品で技法を活用できるようにする。

3 指導上の留意点

○受容的態度で生徒の発言を認めることにより，リラックスして水墨画の美しさやそのよさを感じ取ることができるようにする。
○相手の意見を尊重し，学ぶ姿勢で授業に臨む雰囲気づくりを心掛

墨が生み出す豊かな世界を味わおう

け る。
○自由な発想でのびのび表現できるようにする。
○完成した作品は，廊下に掲示し，他の生徒や先生方に見てもらうことで，自信をもてるようにする。

4 題材名「墨が生み出す豊かな世界を味わおう」

▶ねらい
・水墨画の作品から美しさやそのよさを感じ取ることができる。
・鑑賞や表現を通して感じた感想を言葉でわかりやすく伝えることができる。
・相手の思いを受け止め，考えを深めることができる。

▶指導計画（全3時間）

1 水墨画を鑑賞し，水墨画の技法を体験する（1時間）
・水墨画を鑑賞し，感想を発表し合う。 ・水墨画の基本技法を学び，「竹」を表現する。
2 基本技法を生かし，作品を制作する（2時間）
・基本技法を確認し，自由な発想で自分の水墨画を制作する。 ・自分の作品についての感想を発表する。級友の作品のよいところを発表する。

5 個別の指導計画

▶生徒の実態

	Aさん	Bさん
障害の状況	高機能自閉症	広汎性発達障害（自閉症）
聞 く	・落ち着いて話を聞くことができるが，時々自分の世界に入って話を聞き逃し，混	・落ち着いて話を聞くことができるが，意味を勘違いしてとらえていることがある。

	乱することがある。	
話　す	・自分の考えを発表することができる。 ・場に応じたあいさつができる。	・自分の思いを相手に伝えられないことがある。 ・場に応じたあいさつができる。
鑑　賞	・感性が豊かで語彙力が豊富。自分の感想を言葉で伝えることができる。	・豊かな発想で作品を鑑賞するが，感想を言葉で表現できないことがある。
絵画表現	・作業が丁寧で，表現力豊か。見本通りに描くことができる。	・デッサン力があり，独創的な絵を描く。
社会性	・相手の気持ちがわからずトラブルになることもある。 ・順番や予定に変更があると落ち着かなくなる。	・自分の気持ちを相手に伝えることがうまくできない。 ・時々自分の世界に入り，独り言を言う。
学習状況	・学習能力が高く，努力家。文章問題は，心情の読み取りが難しい。 ・几帳面で，作業が丁寧。	・知的遅れがなく，学習に意欲的である。文章表現が難しいことがある。 ・忘れ物が多い。

●学習展開（第1時）

1	水墨画を鑑賞し，水墨画の技法を体験する
ねらい	・水墨画作品から，美しさやそのよさを感じ取ることができる。 ・鑑賞や表現を通して感じた感想を言葉でわかりやすく伝えることができる。 ・相手の思いを受け止め，考えを深めることができる。

墨が生み出す豊かな世界を味わおう

学習活動	個別の支援	
	Aさん	Bさん
1 学習内容確認。 ・教師作品提示	・課題の明確化 ・参考作品を見せ,関心を高める。	・課題の明確化 ・参考作品を見せ,関心を高める。
2 水墨画を鑑賞し,感想を発表し合う。	・リラックスした雰囲気で感想を話し合う。	・鑑賞作品の特徴を感じ取ることができるようにする。
3 互いの感想を聞き,感じたことを伝え合う。	・相手の感想を尊重し,考えを深められるように促す。	・相手に伝わるような表現ができるように声かけする。
4 水墨画の表現技法を試し,作者の表現意図や技法を考える。	・表現手順がわかるように教師がやってみせる。 ・作者の表現意図を考えるよう促す。	・手順通りに進めるよう確認する。 ・作者の表現意図を考えるよう促す。
5 鑑賞や表現技法を試すことによって知ることができた水墨画の美しさやよさをまとめる。	・自分の作品や作品鑑賞に自信を付け,次の制作への意欲をもたせる。 ・相手の意見を尊重し,考えを深められるようにする。	・自分の感想を言葉で表現できるように声かけする。 ・自分の作品や作品鑑賞に自信を付け,次の制作への意欲をもたせる。

6 評価

・水墨画に親しみ,自分なりの感想をもつことができる。
・相手の意見を受け止め,自分の思いを相手に伝えることができる。
・表現活動を楽しみ,様々な技法を試すことができる。

7 授業の様子

(1) 学習プリント

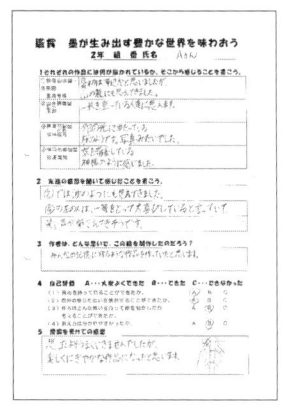

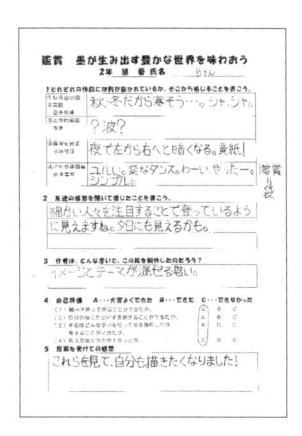

(2) 「竹」作品

Aさん　　　　Bさん

　互いの意見を尊重し考えを深めることができた。竹の表現は個性が表れた。水墨画の制作に関心をもって取り組んだ。

〈川綱　拓美〉

墨が生み出す豊かな世界を味わおう　105

特別支援学級・中学校

知的障がい学級には，楽しくてチャーミングな題材を
～クレパスを使ってデザインしよう～

1 ねらい

○目的や条件などをもとに，構成や美しさを考え，表現の構想を練ることができる。
○クレパスや絵の具の特性を生かして作品を作ることができる。
○自分の気持ちを表すことができる。
○友達の作品のよさを見つけることができる。

2 学習活動

(1) **伝える・使う目的に合わせて絵を描く**
  ・教師の手本を見て，学習内容を理解する。
  ・わからないことは，教師に聞いて作業する。
  ・道具の準備・片付けを自分でする。

(2) **クレパスや絵の具の特性を生かす**
  ・白さの美しさをクレパスのはじく特性を生かして表現する。
  ・全員が成功するように手順を細かく分けて，一つ一つのパーツで完成させていく。絵を描くことが苦手な生徒も取り組めるようにコラージュを利用する。

(3) **自分の気持ちを表す**
  ・絵と言葉で自分の気持ちが伝わるようにする。

(4) **友達の作品のよさを見つける**
  ・鑑賞会を開いて，友達の作品を相互鑑賞する。
  ・友達の作品のよさを言葉で表す。

③ 指導上の留意点

○海のイメージが湧くように,少年自然の家での写真や海の写真を用意して見せる。
○絵が苦手な生徒でも描けるように,教師が手順を細分し,説明してから,やってみせる。創作の意欲を持続させる。
○仕上がりの見通しがもてるように,教師がお手本を数枚作って見せる。

【作品見本】

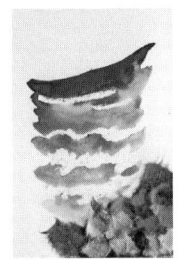

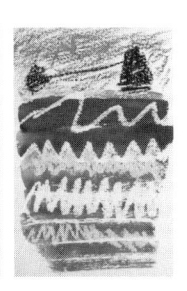

○どんな作品にするのか,自己決定させる。
○道具の扱い方に慣れていなく,絵の具を適量出すことができない生徒には,教師が絵の具と水を混ぜて作っておき,すぐに使えるように準備しておく。
○絵の具とパレットと筆の使い方を,実際にしてみせる。

④ 題材名「クレパスで海の絵はがきを作ろう」

●ねらい
・クレパスのはじく性質を生かして白い波を描くことができる。
・海の絵に言葉を書き添えたり,海に合った絵を貼り合わせたりして,自分の気持ちを表すことができる。
・友達の作品のよさを見つけ,言葉にして表現することができる。
・作った作品を使って,暑中見舞いを出すことができる。

【準備物】

　水彩道具，クレパス白，絵はがき大の画用紙一人3～5枚，和紙の色紙，花びらや葉，教師が作成した見本作品，フェルトペン。

●指導計画（全3時間）

1　白いクレパスで波を，絵の具で海を描く
・教師の見本の絵を見て，学習内容を知り，作業の見通しをもつ。
・決められた位置に波の線を3本クレパスで描く。近い波は太く，遠い波は細く描く。
2　和紙の色紙や花びらを使って仕上げる
・遠景の海の絵に合った題材を選ぶ。
・近景の花や貝などを，和紙をちぎって貼り表現する。
・仕上がった作品をお互いに見合って，よさを見つける。
・見つけたよさを言う。
3　もらう相手のことを考えながら，暑中見舞いを書く
・だれに出すのかを決める。
・もらう相手のことを考えながら，絵の余白に暑中見舞いを書く。文字を書けない生徒の場合は，絵のみで表現させる。

5 個別の指導計画

●生徒の実態

	Aさん	Bさん	Cさん
聞く話す	聞く力は良好だが，長い話だと覚えられずに，何を聞いたかわからなくなる。話の内容を簡潔にまとめて話すとわかる。話す内容をプリントにし，見ながら聞くと内容がよく伝わる。視覚的な支援が有効である。		
書く描く	・短い文章を平仮名で書くことができる。	・短い文章を平仮名で書くことができる。	・短い文章を平仮名で書くことができる。

	・小学校2年の漢字を書ける。 ・絵を描くことは好きである。 ・時間をかけて，丁寧に仕上げようとする。	・小学校3年の漢字を書ける。 ・字形を整えて書くことが苦手で，字が読めないことがある。 ・絵を描くことは苦手である。	・小学校3年の漢字を書ける。 ・字形を整えて書くことが苦手で，字が読めないことがある。 ・微細運動が苦手なので，絵を描くことは苦手である。
対人・心理面	・初めてのことや難しいと思う課題を避ける。 ・見通しがもてないと作業に取り掛かれない。	・人やもの，手順にこだわりが強い。 ・視力障害がある。どこを見ていいのかわからないことがある。	・初めてのことに消極的である。 ・慣れないと教師に話しかけることができない。 ・見通しがもてないと作業に取り掛かれない。

●学習展開（第1・2時）

1　白いクレパスで波を，絵の具で海を描く			
ねらい	Aさん Bさん Cさん	・教師の指示に従って，白いクレパスで波を，絵の具で海を表現する。 ・絵を描くことで成功体験を積む。		

学習活動	個別の支援		
	Aさん	Bさん	Cさん
1　学習の流れを知る。	・教師の説明やプロジェクターによる資料を見て流れを知る。		
2　白クレパスで波を描く。	・教師の指示に従って，ゆっくり「ギュギュギュ	・教師の指示に従って「ギュギュギュ〜」と描	・始点と終点を意識して，波線を「ギュギュギュ

知的障がい学級には，楽しくてチャーミングな題材を　109

		〜」と描く。	く。	〜」と描く。
		・「なみなみ〜」「ギュギュギュ〜」など，波の様子を声に出しながら描く。 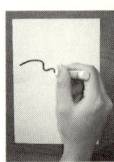   ＊一つ目の波は，真ん中か少し下の位置に強くしっかり。二つ目は，やや太い。		
3 青い絵の具で水平線を描く。 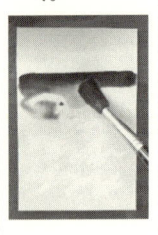	・水平線，濃い線を描く。乾かないうちに，筆を太い筆に変えてぼかす。 ・もう一度，海の写真で，遠くが濃く近くが淡い色であるのを確認する。 ＊筆は2本用意しておく。色を置く筆，水をたっぷりつけてぼかす筆の2本。			
4 海の色にアクセントをつける。	・海の色が乾く前に，2〜3か所，水っぽい緑を少し入れる。	・海の色が乾く前に，2〜3か所，水っぽい緑を少し入れる。	・海の色が乾く前に，2〜3か所，水っぽい緑を少し入れる。
2 和紙の色紙や花びらを使って仕上げる				
1 和紙を選んで，花びらをちぎり絵で描く。	・見本を見て，どこにどんな花を作るか決める。 ・貼る前に，海の絵に置いて確かめてみる。 ・花の中心から一	・見本を見て，どんな仕上がりにするか決める。 ・貼る前に，海の絵に置いて確かめてみる。 ・花の中心から一	・見本を見て，どんな仕上がりにするか決める。 ・貼る前に，海の絵に置いて確かめてみる。 ・花の中心から一

		一つの花びらを貼っていく。	一つの花びらを丁寧に貼っていく。	一つの花びらを丁寧に貼っていく。
2	仕上がった作品をみんなで鑑賞する。	・友達の作品のよいところを見つけて，発表する。	・自分の作品と友達の作品のよいところを見つけて，発表する。	・自分の作品と友達の作品のよいところを見つけて，発表する。

6 評価

・最後まで取り組むことができたか。
・はじき絵で，絵を描く楽しさを味わうことができたか。
・教師の指示に従って作業することができたか。
・友達の作品のよさを見つけることができたか。

7 授業の様子

生徒作品

作品は手作りの額に入れて飾ることで，次の作品への意欲につながった。

〈渡海　玲子〉

知的障がい学級には，楽しくてチャーミングな題材を　111

鑑賞

特別支援学級・小学校

つくろう！ ○○
～出来上がった○○をみんなに見せよう～

1 ねらい

○自分の好きなものへの想いをふくらませ，材料の特性を生かしたり接着の仕方を工夫したりして，自分で積極的に作ろうとする。
○作品を見たり，作品で遊んだりする活動を通したりして，作品の説明や作品への想い，友達の作品の好きなところなどを自分なりの表現の仕方で相手に伝える。

2 学習活動

(1) **作りたいもの，材料を決める**
　・身の回りにあるもの，興味のあること，できそうなこと，好きなことなどから，作りたいものを決め，材料を選ぶ。
(2) **作りたい部分を意識しながら作る**
　・個々の実態を踏まえた道具の使い方，接着の仕方を提案する。
(3) **出来上がった作品をみんなに見せる**
　・作品を紹介したり遊んだりする。
　・友達の作品の好きなところや工夫しているところを見つけ，自分なりの伝え方で伝える。

3 指導上の留意点

○意欲的に活動できるように材料を充実させ，使いたいものがすぐに自由に使えるように材料コーナーを整理する。

○材料を選ぶ，切る，貼るなどの活動の過程で，児童には難しいことを支援するお助けコーナーを設置する。

こてコーナー　　　　ホットボンドコーナー　　　材料選びコーナー

○安全面を確保しながら，児童が困っていること，してほしいことを自分なりに伝えることができるように見守る。
○友達の作品のよさや工夫しているところを見つけることができるように，お互いの作品に触れ合う時間を十分とる。
○友達同士のかかわりをもちやすくするために，「遊び券」を活用する。

○自分なりの言葉や表現の仕方で発表できるよう助言する。

つくろう！　○○　115

4 題材名「つくろう！ ○○○」

●ねらい
・作品を作っているときの思いや作品の説明を，自分の言葉や身振りで相手に伝える。
・作品の説明を聞いたり，作品で遊んだりする活動を通して，友達の作品の好きなところや工夫しているところを相手に伝える。

●指導計画（全6時間）

1 作りたいもの，材料を決める（1時間）
・身の回りにあるもの，興味のあること，できそうなこと，好きなことなどから，作りたいものを決める。 ・材料コーナーから材料を選ぶ。
2 作る（4時間）
・道具の使い方，接着の仕方などは，お助けコーナーを活用しながら，作品を完成させる。
3 出来上がった作品を見せ合う（1時間）
・自分の作品を紹介する。 ・「遊び券」を使って，友達の作品で遊ぶ。 ・友達の作品の好きなところや工夫しているところを見つけ，自分なりの伝え方で伝える。

5 個別の指導計画

●児童の実態

	Aさん	Bさん	Cさん
興味 関心	地図	機械 水	ビーズ きれいなもの

材料・道具の使い方など技術的な面	・材料に対してはこだわりがなく、身近にあるものを使って活動する。 ・段ボール、画用紙、針金などを（はさみ、段ボールカッターで）まっすぐ切ることはできる。 ・細かい作業は苦手である。	・たくさんの素材があっても、その中から、自分が使ってみたい材料を選ぶことができる。 ・容器を積み重ねて、ホットボンドで固定する。 ・ホットボンドの量の調節は難しい。	・いろいろな色や形のビーズをいくつか提示しておくと、その中から好きな色や形のものを選ぶ。 ・細かい作業にも集中して取り組み、手先も器用である。
表現	・自分の作品の好きなところを、言葉で伝えることができる。	・友達の作品の好きなところを見つけて、言葉で伝えることができる。	・自分の作品の好きなところを指差しで伝えることができる。

▶学習展開（第6時）

3　出来上がった作品を見せ合う			
ねらい	Aさん	友達の作品の好きなところを、言葉で伝えることができる。	
^	Bさん	友達の作品の工夫しているところを見つけて、言葉で伝えることができる。	
^	Cさん	友達の作品の好きなところを指差しで伝えることができる。	

学習活動	個別の支援		
^	Aさん	Bさん	Cさん
1　学習の流れを知る。 2　自分の作品を紹介する。	・カードを見て流れを知る。 ・好きなところを言葉で伝える。	・カードと説明を聞いて、流れを知る。 ・工夫したところを言葉で伝える。	・カードを見て流れを知る。 ・好きなところを指差しで伝える。

つくろう！　〇〇　117

3 作品を見たり，作品で遊んだりする。 4 友達の作品の好きなところを発表する。	・見たい作品の「遊び券」を友達に渡す。 ・好きなところを言葉で表す。	・遊び券を渡して，友達と一緒に遊ぶ。 ・工夫しているところを見つけて言葉で表す。	・遊びたい作品を選び，遊び券を渡して遊ぶ。 ・好きなところを指差しで伝える。

6 評価

- 自分の作品の好きなところや工夫したところを，友達に伝えたか。
- 友達の作品に意欲的にかかわろうとしたか。
- 友達の作品の好きなところ，工夫しているところを自分なりの表現の仕方で伝えたか。

7 授業の様子

写真1　　　　　　　　　写真2

写真3

写真4

写真5

写真2〜写真5
友達の作品で遊んでいる

〈山本　真理〉

つくろう！　○○　119

特別支援学級・中学校

自分の作品や友達の作品を見よう
～連合作品展での鑑賞活動～

1 ねらい

本区では，毎年中学校連合作品展が開催され，特別支援学級も参加している。区内中学校通常の学級との間接的な交流をするとともに，自分の作品だけでなく，他の生徒の作品を鑑賞することで絵画や造形作品に触れることを通して，次のようなねらいを設定した。
○身近な絵画や造形品を見ることで親しみをもたせる。
○表現などの美しさや面白さに関心をもたせる。
○他の生徒の作品に触れることで，自分の作品表現を工夫することが　できるようにする。
○作品鑑賞を通して，人や物を大切にする気持ちを育てる。

2 学習活動

(1) **校内作品展示をする**
- 美術科で制作した作品や作業学習での作品を常時，校長室前の作品展示ケースや学級の廊下に展示をしている。自分の作品や他の生徒の作品を日常的に見ることができるようにし，美術作品等に興味・関心をもたせる。

(2) **作品展等，鑑賞するときの基本的なマナーを身に付ける**
- 校内展示はもとより，作品展示会や美術館・博物館などで鑑賞するときの「作品に触らない」「静かに鑑賞する」など基本的な鑑賞マナーを身に付ける。
- どのようなことをポイントに鑑賞すればいいか考えさせる。

(3) 連合作品展を見に行く
・作品展会場に実際に行き，いろいろな作品を鑑賞する。
・自分が気に入ったり，好きな作品をしっかり鑑賞し，思ったことや感じたことを覚えておく。
・鑑賞するときのマナーを守る。

3 指導上の留意点

○鑑賞の学習を展開するためには，「自分の作品が好き」「美術が好き」でなければ，絵画や造形作品に関して関心をもつことはできない。そのためにも，日頃から，初歩的な造形活動，絵を描いたり，作品を作る楽しさや面白さをもとに鑑賞する楽しさを育てる必要がある。

○鑑賞活動をすることで，人としての豊かな感性や優しさをはぐくむ。

○絵画や造形作品の美しさや面白さを感じ取るために必要な感性を育てるために，ふだんから校外学習等と関連させ自然の美しさに触れる機会を意識的につくる。

○他の生徒の作品を鑑賞することで自己理解をするとともに，他者を理解することの大切さを知る。他の生徒の作品を見ることで，他者を認め，理解を深めたり「思いやり」を育てたりすることも大切だと考える。

○美術科の学習だけでなく，国語科や生活単元学習等と関連させた学習展開をする。

4 題材名「連合作品展に行こう」

●ねらい
・実際に作品展に行き，いろいろな作品を見る。
・いろいろな作品に興味をもち，楽しみながら鑑賞する。

- 自分の作品や他の生徒の作品を見て感性を育てる。
- 作品のよさだけでなく、その人のもつよさに気づかせる。
- マナーを守って鑑賞する。

●指導計画（全6時間，内美術科4時間）

1　「連合作品展に行こう」事前学習（1時間）
・連合作品展会場の場所や行き方について学習する。 ・美術鑑賞に関してのマナーを知る。
2　「連合作品展に行こう」（2時間）
・実際に作品展に行く。 ・自分の作品を見る。 ・学級の他の生徒の作品を見る。 ・他校の特別支援学級生徒の作品を見る。 ・通常の学級生徒の作品を見る。 ・自分の気に入った作品や好きな作品を見つける。 ・鑑賞態度やマナーを守って見る。
3　「連合作品展に行って」事後学習（3時間）
・作品展見学時の写真を見る。 ・自分の気に入った作品や好きな作品について感想を言う。 ・作品展を見た感想文を書く。（国語科2時間）

5 個別の指導計画

●生徒の実態と学習展開

	Aさん	Bさん	Cさん
関心・意欲	・美術に関する関心や意欲があり、自分が興味がある鳥や動物などを集中して描く。自分が	・中学校入学当初は絵を描くことが苦手で美術が嫌いであった。何をどのようにして取り組	・いろいろなことに対してこだわりが強い。描く絵に関してもこだわりが強い。描きたい絵

	描きたいモチーフが載っている図鑑などを公共図書館から借りてくる。	めばいいのかがわからず与えられた課題ができなかったが、学習活動全般で自信がもて、絵を描けるようになった。	しか描かないことが多く、描き出すと時間になってもやめないことがある。
社会性	・明るく人なつこく日常的な社会性があり、友達との関係もいい。	・日常的な社会性があり、事柄に自分から取り組もうとする。	・障害特性の表れとして、対人関係やコミュニケーションがうまくとれない。
学習状況	・美術が好きで、特に絵を描くことに意欲的である。細部にこだわった絵を描くことが多い。好きな図鑑を見ながら描いている。作品を見るよりは描くことを好む。	・与えられた学習課題に沿って黙々と取り組んでいる。 ・色鉛筆を使用した描画では、色の塗り方や色合いを工夫して描いている。画集などを見ながら好きな作品について話をする。	・学習に関してはマイペースなことが多い。描いている途中で色鉛筆の芯が折れると、先に進めなくなることが多い。自分の活動を優先する。
	「連合作品展を見る」		
個別のねらい	・進んで作品鑑賞をして、自分や他の生徒の作品を楽しみながら見る。	・他の生徒の作品を鑑賞して、自分の作品制作の参考にする。	・作品展の雰囲気や他の生徒の作品に関心をもちながら作品鑑賞をする。
学習活動	・友達と一緒に作品を見る。 ・自分の作品と他の生徒の作品や通常の学級の生徒作品	・友達と一緒に作品を見る。 ・自分の作品と他の生徒の作品や通常の学級の生徒作品	・教師と一緒に作品を見る。 ・自分の作品を中心に見る。作品展の雰囲気や他の生徒

自分の作品や友達の作品を見よう

	とを比べながら見る。 ・気に入った作品や好きな作品についての感想等を鑑賞カードに記入する。	とを比べながら見る。 ・気に入った作品や好きな作品についての感想等を鑑賞カードに記入する。	の作品に興味をもって見る。 ・気に入った作品や好きな作品を選ぶ。
事後学習	・鑑賞カードのまとめと感想文（国語科）を書く。	・鑑賞カードのまとめと感想文（国語科）を書く。	・鑑賞時の写真や鑑賞カードを見ながら鑑賞したことを振り返り，感想文を書く。
指導の工夫	・生徒の状況に応じた鑑賞ができるように，5～6人程度の人数でグループ別で鑑賞する。 ・事後学習で活用するために，デジタルカメラを使用して作品を撮影する。 ・鑑賞カードを作成し「好きな作品」等をメモさせる。 　＊展示会場では，筆記用具を使うことができず，また，会場が狭いので会場内では記入させない。 ・他の教科等と関連させ，体験的な学習ができるようにする。		

連合作品展の様子

6 評価

【関心・意欲】
・身近な友達の絵画や造形作品を見ることで親しみを感じ，美術のよさを感じることができた。
・他の生徒の作品を鑑賞することで，自分の作品に生かせる表現を見つけることができた。

【鑑賞の能力】
・絵画や作品の鑑賞を通して，自分の感性や表現と他の生徒の感想や表現との違いを知ることができ，その違いを認めることができた。
・いろいろな見方や感じ方や発想の仕方等を学び，多様な表現のよさや美しさなどを感じ取ることができた。

〈山田　貴之〉

特別支援学校・高等部

自分の力で楽しもう
～自分で考えたことを堂々と表現し，
　　　　　　形にする行程を知る～

1 ねらい

○ 自分の力で無から有を生み出し，思いを実現する力をはぐくむ。
○ 生徒がもっている，好奇心や挑戦心を引き出す。
○ 視野を広げ，様々な考え方や価値観，表現方法等があることを知り，自己や他者を肯定する気持ちをはぐくむ。

2 学習活動

(1) **自分に合った表現方法を自分で探し，形にする練習**
　・多種多様な画材や紙類，廃材，PC，工具等を自由に扱える環境の中で，自分の描きたいもの・作りたいものを制作する。
　・難しい場合は，提示されたテーマに沿って課題を行い，その過程の中で自分に合うものを見つけていく。
　・個人でできないことは共同で行う等，「どうすれば実現するか」を，生徒同士で考える
　・成功／失敗にかかわらず，自ら考え行動した過程を振り返り，肯定し，次につなげる。

(2) **様々な考え方や価値観，表現方法があることを知る練習**
　・生徒自らが，どのような作品であっても，すべて教室中に掲示してもよい環境の中で，他者の作品を見たり触れたり，自身の作品を公開したりできる機会を増やす。
　・芸術系大学の作品展へ赴き，絵画やデザイン，漫画，感情表現等，多種多様な表現方法があることを知る。
　・それぞれの作品のよいところや，面白いところを話し合う。

③ 指導上の留意点

○生徒からの自発的な意欲が発信されるまで,たとえうまくいかなくても,「繰り返し続ける・見守る・待つ」という姿勢を崩さない。
○生徒からの発信に応じて,可能な限り,道具や材料,方法などを準備しておき,実現できる道を想定しておく。
○個々の技量や特性,性格等に応じて,個別に課題を設定する。
○助言や実技指導をする際は,生徒の自発的な創意工夫や気づき,迷い等の過程を見守り,タイミングを見てから行う。
○観賞を行う場合は,漫画やアニメのイラスト等,生徒にとって親しみやすい,現代的なジャンルも取り入れるようにする。
○各々の作品のよいところを,具体的に紹介する。

④ 題材名「芸術大学の作品展を見にいこう」

●ねらい

・多種多様な作品を見ることで,知識や興味・関心の幅を広げる。
・伝統的技法による工芸や絵画から,現代的な漫画やメディアアートに至るまで,幅広い分野の作品を鑑賞することで,美術に対する固定観念を捨て,より自由な創作意欲をはぐくめるようにする。
・館内マップを参考に,それぞれ好きなエリアを観賞できるようにし,展覧会観賞の楽しみを知る。

●指導計画 (全62時間)

1 美術室で創造しよう (46時間)
・絵の具,色鉛筆,マーカー,木材,金属,樹脂,粘土,工具,ムービーカメラ,パソコン,原稿用紙,資料,布等,教室内にある物を自由に使い,1年間で作品を1点以上制作する。

- 各種展覧会，公募，学校祭，卒業式などでの展示を目標に，計画表に沿って制作を進める。

2　陶工室で創造しよう（8時間）

- 粘土のかたまりを，使いたい分だけ計量し，自分で切って制作する。
- 作りたいものが決まったら，黒板に設計図を描き，指導者はそれに基づいて助言及び実技指導を行う。
- 余った粘土の保存や，制作途中作品の管理は各自で行う。

3　芸術大学の作品展を見に行こう（8時間）

- 京都市の芸術大学の卒業制作展を鑑賞する。
- 事前に，美術館の館内マップや展示作品の情報等を見て，興味のあるエリアをチェックしておく。
- 事前に時間とルールを決めておき，各自で自由に館内を巡る。
- 関心をもった作品を，文章や絵等でメモしておき，あとで意見交換する。

5　個別の指導計画

●生徒の実態

	Aさん	Bさん	Cさん
想像力	・好きなものを，資料を見ながら忠実に再現することが好きである。	・身体表現が得意であり，映像作品等に関するアイデアが豊富である。	・日常の中で，見聞きしたことを，自分流に再現してみようとする。
創造力	・やりたいことは，どんなに大変な工程でも臆することなく挑戦する。	・「完璧でなければ」という思いが強く，なかなか一歩が踏み出せない。	・普段はあまり乗り気ではないが，一度目標が定まれば全力を出し切る。
社会性	・礼儀正しく真面目である。共同作業においても，自らの役割を率先して果たす姿が多く見	・情緒的であり，対人スキルが高い。学習面での劣等感が強く，苦手なことを避けがちだ	・周囲を気にせず，自分のしたいことに全力で取り組む。気分にムラがあり，安定してい

	られるようになった。	が、やればできることが多い。	る日とそうでない日に差がある。
学習状況	・一人で黙々と集中し、好きなことを自分のペースで継続することで、心の平穏を保っている。	・座り作業が苦手であるため、自分で時間を決め、気分転換をしながら取り組んでいる。	・その日にすることを自分で決め、場合によっては材料を持参し、悩みながら取り組んでいる。

●学習展開 (第55～58時)

3　芸術大学の作品展を見に行こう	
ね ら い	Aさん	様々な分野の作品を観賞することで、知識の幅を広げ、自分の意思でよいと思う作品を見つける。
	Bさん	様々な分野の作品を観賞することで、考え方や価値観、表現方法は自由であるということを知る。
	Cさん	興味のある分野についての新しい表現方法や関心の幅を広げ、今後の制作活動に生かす。

学習活動	個別の支援		
	Aさん	Bさん	Cさん
1　美術館内での約束事を決める。	・ノートテイカー役を任せる。	・司会進行役を任せる。	・話し合いの必要性を合理的に説明し、参加への意欲を引き出す。
2　会場案内図や過去の図録を参考に、観賞目的を決める。	・白紙を自由にレイアウトし、計画表を作れるようにする。 ・付箋を用意しておく。	・友達同士で楽しく計画できる環境をつくる。 ・要点を絞った、シンプルな情報を提示する。	・本人の取り組んでいる分野に関係のある図録を用意しておく。 ・付箋を用意しておく。

自分の力で楽しもう

3 タイムスケジュール等を決める。	・司会進行役を任せる。	・要点を絞った説明等，個別で対応をする。	・時間計算を任せる。
4 美術館での観賞。	・よいと思った作品をメモするよう伝えておく。 ・あとで，メモした内容をもとに壁新聞を作成するよう伝えておく。	・よいと思った作品を撮影できるよう，カメラを渡しておく。 ・あとでパワーポイントを用いて，感想をプレゼンするよう依頼し，目的を明確にしておく。	・集合時刻を忘れないよう，時計を用意しておく。 ・自分の興味のあることだけでなく，様々な作品を鑑賞し，時間を有効に使うことを伝えておく。
5 まとめ。	・言葉と壁新聞で，感想をみんなに伝えるよう依頼する。	・言葉と写真で，感想をみんなに伝えるよう依頼する。	・自分で考えた方法で，感想を発表するよう依頼する。

6 評価

・自分の目的を明確にして観賞することができたか。
・伝統芸術から，その対極である現代アートまで，様々な作品を観賞することで，多様な価値観や表現方法を知ることができたか。

⑦ 授業の様子

写真1　教室壁面

写真2　生徒主催の卒業制作

写真3　制作および会議風景

写真4　教室机上

〈伊澤　藍〉

表現についての
いろいろなアイデア

表現についてのいろいろなアイデア
あふれ出る子どもたちの表現

高知県高知市立養護学校教諭　岡 浩子

　障害のある子どもの教育について,「結果ではなくて過程が大切」と言われるが,表現活動においては,ことさらに重要な意味をもつものであると感じている。

　表現活動が「子どもの内なるものが,体というものを介して,外の世界に形づくられること」であるとするならば,大切なのは,作品の出来栄えよりも,そこに至るまでの子どもの意欲や喜び,達成感や満足感であると思う。作品から「何を作ったのか」「何を表したかったのか」が見て取れるか否かだけで表現活動のよし悪しが決まるのではなく,子どもがそれまでの活動に充実感をもてるかどうかが,まずは重要なポイントであると考える。

　しかし,障害のある子どもの場合,せっかく「内なるもの」をもっていても,表現の技術的な過程がうまくいかないために,充実した活動となりづらくなってしまう面があるのではないか。「丸を描きたいけど……」「まっすぐ線を引きたいけど……」「色塗りがはみ出てしまう……」そんな困難さがあるなかでは,意欲的な表現活動は実現できない。

　そこで,こういった困難さを解消するために手立てを講じ,「できる環境」を調えることが,私たち教師の大切な務めとなる。

　子どもと共に活動し,「ああ,面白かったね！」と言える時間をつくり出すようにすること。子どもに表現を教えるのではなく,子どもの表現があふれ出るようにしていくこと。これが,指導者として常々願っている表現活動の在りようである。

張り子で作ってみよう

●題材について

　張り子の技法は，オブジェ作りの中でも特に面白く，材料費もあまりかからない。しかも，単純なボウルのようなものから，アクセサリーや人形のような複雑なものまで，幅広く，いろいろな作品を作ることができる。ふくらませた風船を張り子の型に使うと，張り子細工を簡単に作ることができる。風船にも小さいものから大きなものまでいろいろなサイズがあるので，目的や作るものに応じて選ぶことができる。

折り染め風船

<用意するもの>
風船　新聞紙　折り染めした紙　のり　障子紙　段ボール　絵具またはポスターカラー　ニス

<作り方>
①風船をふくらませ，口をしばる。

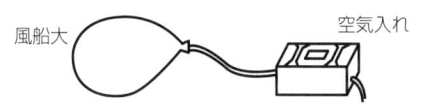

風船大　　　　　　　　　　　空気入れ

②短冊に切った新聞紙をのりに浸しながら，風船の表面に貼っていく。

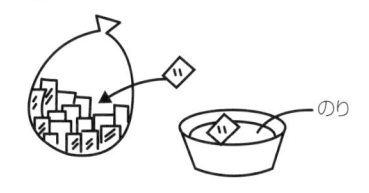

のり

あふれ出る子どもたちの表現　135

③のりが乾いたら,その上に短冊に切った障子紙をのりに浸しながら貼る。
④後で吊るせるように,てっぺんにクリップを付ける。

⑤のりが乾いたら,その上に折り染めした紙を貼る。
⑥のりが乾いたらニスを塗る。

折り染め紙

染めてみよう

草木染め

▶題材について

　自然界で得られる色を使って染めることを「草木染め」と呼んでいる。一見,茶色や緑でしかないような木の皮や草から,様々な色に染まるので,意外性があって面白い。草木

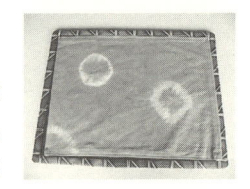

染めには，自然がもっている隠れた色を見つけるという楽しみがある。
　散歩に行って摘んできた草花や校庭の植物，収穫した玉ねぎの皮や果物の皮等身近なものが材料になるので，手軽に取り組むことができる。

＜用意するもの＞
　　染めたい布　染める材料　媒染剤

＜作り方＞
①染める布を準備する。
②材料を煮て染料液を作る。
③絞り染め模様を作る。

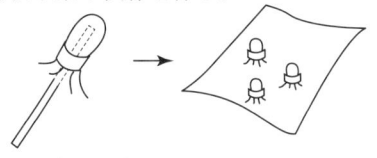

輪ゴムでしばるのは難しいので，輪切りにした竹に布を割りばしで通す。

④染料液で煮ながら染める。　⑤媒染液に浸す。

⑥水洗いをする。　⑦陰干しして出来上がり

あふれ出る子どもたちの表現　137

折り染め

　和紙を折りたたんで、染料に浸けるだけで、このうえない魅力的な世界が広がる。魔法のように、さっきまでのただの白い紙切れに美しい模様が現れる。しかもどれ一つとして同じ模様はない。「次はどの色に染めようかな」と目を輝かせながら、何枚も何枚も染めてみたくなる。染めた和紙を開く瞬間は、ワクワク、ドキドキするような期待感が高まり、だれでも夢中になって楽しむことができる。

　また、自分で染めた「折り染め紙」を活用して、いろいろと活動を発展させていくこともできる。その活用方法はアイデアしだいで無限に広がる魅力ももっている。

＜用意するもの＞

　障子紙　染料　容器　新聞紙

＜作り方＞

①和紙を切る。

②和紙を折る。

▶四角形折り

「びょうぶ折り」したものを四角に折り込んで重ねていく。

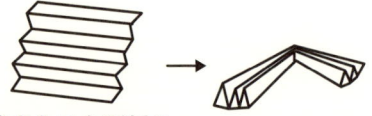

▶直角三角形折り

「びょうぶ折り」したものを三角に折り重ねていく。

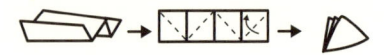

③染める。

●「折り染め紙」活用例

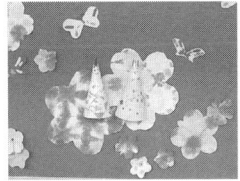

時計飾り　　　　　　　お雛様壁飾り　　　　　　手帳

ランチョンマット　　　ビンのラッピング　　　　運動会スローガン

> ワクワクするものを作ってみよう

ヘンゼルとグレーテルのお菓子の家

●題材について

　食べ物，特にお菓子を題材にするだけで，子どもたちの興味・関心・意欲はぐんと高まること間違いなしである。

　さらに，本物のお菓子を材料に使うことで，ワクワクするような楽しみを味わうことができる。また，造形活動が苦手な子どもにとっても取り組みやすく，イメージをもって表現することができる。

あふれ出る子どもたちの表現　139

＜用意するもの＞
牛乳パック　しお粘土　アイシング
お菓子（ウエハース，マシュマロ，ビスケット，ゼリービーンズ，マーブルチョコなど）

＜作り方＞
①しお粘土を用意する。
②牛乳パックで家を作る。

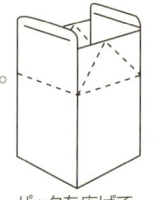

パックを広げて，四つの角を点線のところまではさみで切る

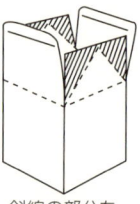

斜線の部分を切り落とす

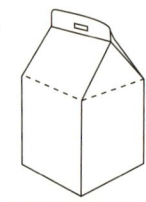

屋根を組み立て，てっぺんをホッチキスでとめる

③牛乳パックにしお粘土を貼り付けていく。
④180度のオーブンで1時間ほど焼く。
⑤粉砂糖をお湯で溶かしてアイシングを作る。
⑥アイシングをつけながらお菓子を飾り付ける。

▶しお粘土の作り方

　大き目のボウルに，小麦粉（カップ4杯）と塩（カップ1杯）を入れて混ぜる。湯（ぬるま湯カップ1.5杯）をゆっくりと注ぎながら，粘り気が出るまでよく混ぜる。

共同制作 ポスター

●題材について

共同制作は，子どもたち一人一人の得意なことを生かし，様々な手法を取り入れて作り上げることができる。また，一人一人が持ち味を生かして一つの課題や題材に取り組み，協力して創造の喜びを味わうことができ，自分一人ではできなかったことが共同制作を通して実現できるというよさがある。

スパッタリング （背景の手法）

＜用意するもの＞

水彩絵の具　パレット　ぼかし網　ぼかしブラシ（歯ブラシ）
牛乳パック（厚めの紙）←型紙用

＜作り方＞

①牛乳パックなどの厚めの紙で型紙を作る。
②絵の具を水で溶く。
③歯ブラシやぼかしブラシに絵の具をつける。
④ぼかし網に歯ブラシ等をこすりつける。
⑤霧状の絵の具が下に落ちる。
⑥型紙をはずすときは，一気にひっくり返して型紙を落とす。

［参考文献］

ローリー・カールソン著，亀井よし子，芹沢恵訳『小さな芸術家のための工作ブック』ブロンズ新社，1995年

あふれ出る子どもたちの表現

> 表現についてのいろいろなアイデア
>
> # 自信につながる技法の習得
>
> 東京都立永福学園非常勤教諭 **大野 正志**

　障害のある児童生徒は，図画工作・美術の時間に新しい技法を習得するのに，時間がかかったり，自信がもてなかったりするためになかなか制作に取り組めないことがある。体験的な学習を進め，できることやわかることを一つ一つ着実に増やしていくことや，一度経験した技法を次の教材でも使うことで，自信をもち，安心して制作に取り組めることが増えてくる。

　これから紹介する教材は，「サンドブラスト」「シルクスクリーン」「陶芸の上絵付け」である。

＜これらの教材を紹介した理由＞

○どの教材も同じような技法を使って制作できるように，制作過程を工夫している。

○ある程度簡単に作れるが，完成した作品は見栄えがして，自分や家族が実際に使える。

○個人の興味・関心，課題に応じて技法を選べる。

　それぞれの技法についてABCの3段階に分けて説明しているので，児童生徒の障害の状態，生活の状況に応じて，適切なものを選んで計画を立て，制作させる。

　はさみやカッターなど刃物を使うので，取扱いには十分配慮する必要はあるが，正しい扱い方を指導し，経験させることで，道具をかなり巧みにかつ安全に扱えるようになり，物を作る楽しさを味わえるようになり，自信にもつながってくる。

<制作行程一覧>

	サンドブラスト	シルクスクリーン	上絵付け
A	市販のシール等を貼って作る。	市販のシールを貼って作る。	転写シールを貼って作る。
B	カッターやはさみで切ったビニールシートを貼って作る。	手でちぎったりはさみで切ったりしたものを置いて模様や形を作る。	転写シートをはさみなどで切り，自分のデザインを作る。
C	ガラスに貼ったマスキングシートをカッターで切って作る。	カッターなどで新聞紙を切って，自分でデザインしたものを作る。	上絵用絵の具を使い，自由に描いて作る。

　それぞれの簡単な制作工程を一覧にしているが，どれもほとんど同じような技法で作ることができる。次からそれぞれの制作過程を載せる。

サンドブラストでガラスに絵を描く

題材について

　最近，グラスリッツェンなどの技法を使いガラスに絵を描く講習なども開かれるようになってきている。ガラスは加工しにくいように思われているが，サンドブラストの技法（コンプレッサーを使い硬い砂をガラスに吹き付けて削る。マスキングシートで保護されているところは削れないので透明のまま残る。保護されていないところは削れてスリガラスの状態になり，透明と半透明の美しいコントラストによる表現ができる）を使うことによって，手軽にガラスやプラスチックの器に絵を描くことができ，完成度も高い。自宅に持ち帰り自分の作品を日常的に使うことで，家族や周囲の人たちの評

判もよく，自分の作品に自信がもてるようになり，満足感も味わえるようになる。

材料・道具

▶材料
ガラスの皿やコップ（危険な場合はプラスチックの皿やコップ）

▶道具
マスキングシート，一般に市販されているシール（ビニールの物がよい）など，はさみ，カッター，ガムテープ，木工用接着剤
サンドブラストマシン（コンプレッサーや電気掃除機が必要なタイプもある）

制作工程

▶Aの技法
①市販のシールや自由に切ったシールを貼る。
②サンドブラストマシンでブラストする。
③マスキングしていたシールをはがして，きれいに洗って完成。

▶Bの技法
①自由にデザインを考える。
②自分で決めたデザインをマスキングシートに描く。
③マスキングシートに描いたデザインを，はさみやカッターで切る。
④切ったマスキングシートをガラスに貼る。

⑤サンドブラストマシンでブラストする。
⑥マスキングしていたマスキングシートをはがし，きれいに洗って完成。

● Cの技法
①自由にデザインを考える。
②ガラス素材にマスキングシートを貼りマスングする。
③自分で考えたデザインをマスキングシートに描く。
④マスキングシートに描いた線をカッターで切る。
⑤サンドブラストでブラストする。
⑥マスキングしていたシートをはがし，きれいに洗って完成。

● A・B・C共通の技法
　木工用の接着剤を使ってガラスに絵を描くことで，A・B・Cどの段階にも共通した技法で作品ができる。
①木工用の接着剤で絵を描く。
　各段階に応じて，自由に絵を描く。
②接着剤が乾燥するのを待って，サンドブラストマシンでブラストする。

自信につながる技法の習得　145

③接着剤を水で洗い流して完成。
　筆跡までくっきり残る作品ができる。
　＊コップの底やお皿の裏側に文字を書く場合は，鏡文字にしないと上から見たときに逆さになってしまうので注意が必要である。

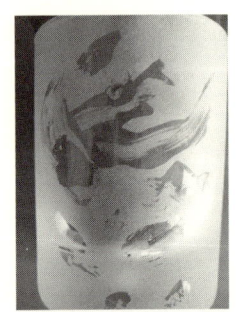

使い終わった化粧品やワインの瓶など，ガラスやプラスチック素材で色の付いている容器にサンドブラストすると，きれいなものができる。

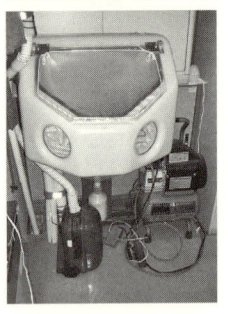

新聞紙で作るオリジナルTシャツ

題材について

　シルクスクリーンは，布の織り目の穴を感光乳剤などでふさぎ，インクの通る部分と通らない部分を作り，文字や絵柄を印刷する孔版という版画の技法である。シルクスクリーンの版を作るには時間とお金がかかり，難しいと考えられているが，新聞紙などを使ったカッティングの技法で版を作ることで，だれにも簡単にオリジナル

Tシャツやハンカチ，のれんなどすてきなプリント作品ができる。また，インクを混ぜて好きな色が作れるので，カラフルな作品を自由な発想で作ることができる。

材料・道具

●材料
Tシャツやトレーナー，布(ハンカチやのれん)など印刷する素材

●道具
シルクスクリーンを張った枠（120メッシュ程度），はさみ，カッター，新聞紙，シール，ガムテープ
シルクスクリーン用インク，スキージ，ローラー

制作工程

●Aの技法

①Tシャツの印刷したいところに市販のシールを貼ったり自由にちぎった新聞紙を置いたりする（枠が必要なときはガムテープなどで周りを囲っておくとよい）。

②シルクスクリーンの枠を置き印刷する（Tシャツの中に紙を入れて，インクが反対側にしみないようにしておく）。

スキージを使って印刷をするが，ローラーを使って色をつけても面白い作品ができる。

＊インクの乾燥が早く，シルクの目が詰まることがあるので，印刷したあとはできるだけ早くスクリーン枠を水洗いしておくことが大

切。
③乾かしたあと，アイロンをかけて，完成（アイロンをかけることで色落ちを防ぐことができる）。

●Bの技法
①自由にデザインを考える。
　デザインが思い浮かばないときは，適当に切ったり，ちぎったりした紙を面白い形においてもよい。
②新聞紙に自分で決めたデザインを新聞紙に写す。
③新聞紙に写した絵を手でちぎったりはさみで切ったりする。
④切った新聞紙を考えたデザインのように置く。
⑤シルクスクリーンの枠を置き，印刷する。
⑥乾かしたあと，アイロンをかけて完成。

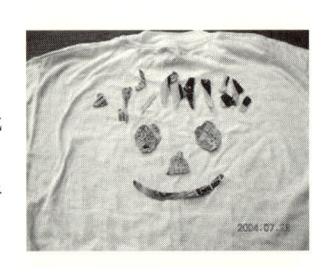

●Cの技法
①自由にデザインを考える。
②新聞紙に自分で決めたデザインを写す。
③新聞紙に写した絵をカッター，はさみで切る。
④Tシャツの上にカットしたものを置く。
⑤シルクスクリーンの枠を置き印刷する。
⑥乾かしたあと，アイロンをかけて，完成。

この技法は版が簡単に作れるので，何枚か版を作り多色刷りをするのも面白い。

　新聞紙を使った印刷では何枚も印刷できないので，シルクスクリーンに興味をもったり，発展した授業をやりたい児童生徒は，市販されているカッティングのセットや感光技法を使って版を作れば，何枚でも同じものができる。文化祭などでオリジナルの衣装を着たり，記念品を作ったりすることもできる。

上絵付けの陶器

題材について

　上絵付けは，一度本焼きした作品の上に，上絵付け用の絵の具や転写紙を使って彩画し，もう一度焼き付ける技法である。低温で焼き上げるため，鮮やかな色が出る。また，トースターや七宝窯の電気炉を使うことで，手軽に制作することができる。

　上絵付け用の絵の具は，失敗してもすぐに消すことができ，何回

も描き直すことができる。転写紙を使った場合は，シルクスクリーンの時と同じカッティングの技法を使い制作することで，児童生徒は制作過程を簡単に把握することができる。

材料・道具

●材料
ホワイトタイル，絵付け皿，マグカップなど絵付け用の素材
カラー転写紙，デザイン絵柄の転写紙，陶芸用の上絵の具
＊転写紙には七宝窯などを使って，700〜800℃前後の温度で焼き付けるものと，家庭用のオーブントースターを使って，200度前後の温度で焼き付けるものがある。低温のものは手軽であるが，多少発色が悪かったり，傷つきやすかったりする。

●道具
筆，絵の具溶き皿，水を入れる器，はさみ，カッター，電気炉（七宝窯）

制作工程

●Aの技法
①デザイン転写紙を切る。
②転写紙を水に浸ける。
③転写紙が下の台紙から浮き上がってきたら，貼りたいところに持っていき，台紙をずらして貼っていく。
④転写紙の下に残っている空気を布などでよく抜く。
⑤乾燥後，電気炉に入れ，700〜800℃で焼成して完成。

●Bの技法
①自分で考えたデザインをカラー転写紙に描く。
　転写紙を使う場合は，転写紙同士が重なると空気が入ってしまう

150　表現についてのいろいろなアイデア

ので，重ならないようなデザインを考える。
②はさみで転写紙を切る。
③転写紙を水に浸ける。
④転写紙が下の台紙から浮きがってきたら，貼りたいところに持っていき，台紙をずらして貼っていく。
⑤転写紙の下に残っている空気を布などでよく抜く。
⑥乾燥後，電気炉に入れ，700〜800℃で焼成すれば完成。

●Cの技法
①自分で考えたデザインを上絵付け絵の具で自由に描く。
②乾燥後，電気炉に入れ，700〜800℃で焼成して完成。
単純に描画だけでもよいが，転写紙も使って二つの技法を組み合わせても，面白い作品ができる。

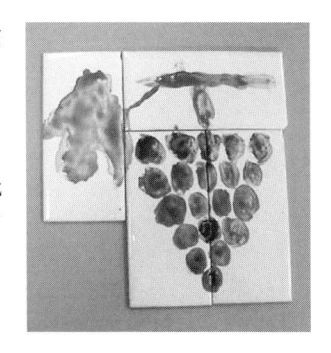

電気炉で焼成する場合は，1時間程度で800℃近くまで温度が上がるが，急に温度を上げると割れてしまうこともあるので，ある程度ゆっくり上げる方がよい。電気炉が冷めるまでには時間がかかる。低温転写紙の場合はオーブントースターに入れて20分程度の焼成で完成するが，どちらもやけどが心配なので，焼成の行程は児童生徒にやらせない方がよい。

自信につながる技法の習得　151

アートストリート

> アートストリート

駒込・ふれあいアートストリート

東京都豊島区立駒込生活実習所・福祉作業所所長　中野雅義

誕生

　平成21年の正月，地域の新年会で当時の駒込生活実習所・駒込福祉作業所（以下，駒込施設）の施設長，齊藤一紀氏が「障害者のすてきな絵画が鑑賞できる喫茶店を作りたい」とあいさつをした。その一言に染井銀座商店街振興組合の高埜秀典理事長が目を輝かせ，「地域の高齢者や来街者の休憩所がほしかった。商店街は以前の活気もなくなり，空き店舗が増え困っていた」とあいさつに応え，双方の思いが交差をし，意見の一致をみたのである。また豊島区の地域ビジョン懇談会で齊藤氏が「障害者理解や地域活性化のために施設利用者の方が描くすてきな絵を役立てたい」と提案したところ，区長から「すぐにやってほしい」との返答があり，区長のお墨付きを得た染井銀座商店街は，駒込施設との障害者アートによる個性的な街づくりに取り組み，店先に絵画を展示し，障害者への理解や心のふれあいの場を作っていきたいという思いから，「**ふれあいアートストリート**」と名付け，空き店舗を利用した喫茶店の名前を「**Bakery Café あうる**」とし，計画化したのである。

つながる

　平成22年6月，染井銀座商店街の街路灯には，駒込施設利用者が描いた絵をモチーフとしたフラッグが掲げられ，東京都障害者美術

展などの入選作品や海外の作品など，15店舗の協力を得て展示された。外に展示するため，原画を複写したものを額装して，イーゼルに飾った。また，商店の営業に合わせて飾る手間を快く引き受けてもらい，商店主の「ふれあいアートストリート」への理解が深まっていった。

そして，障害者の働く場所とギャラリーの役目をもち，地域の人たち（学生から主婦，リタイアした壮年など）40名がボランティアとして運営に携わる「Bakery Café あうる」が同年10月にオープンした。店内に原画が6作品，外から観られるよう店の窓枠内に複写した4作品が展示され，合計25作品となった。店内は，スポットで照らされた絵画を鑑賞しながら喫茶を楽しむ贅沢な空間が広がっている。

平成23年7月に新たに3店舗，翌月には店先の壁に額を貼るタイプの絵画12作品が加わり，全40作品となった。街の人からは「商店街での買い物の楽しみが増えた」「季節感を感じられてよい」など反響があった。

こうした「Bakery Café あう

店先の絵画

Bakery Café あうる店内

壁面の絵画

駒込・ふれあいアートストリート 155

「Bakery Café あうる」スタッフ

る」と「ふれあいアートストリート」の取組は，地域活性だけでなく，平成23年11月，「福祉と文化が融合し，ノーマライゼーションを実施している貴重な事例」と，東京都商店街グランプリで準グランプリを受賞した。駒込施設と地域のつながりが評価されたのである。

広がる

平成23年8月，よしもとが「ふれあいアートストリート」に注目し，「WONDER CAMP TOKYO」で，ふれあいアート祭が開催され，また平成24年6月，「ふれあいアートストリート」2周年の特別企画で，商店街を個展会場に見立て，展示をしたところ，としまテレビ，NHK，産経新聞，豊島新聞などで取り上げられ，注目を浴びることとなった。

子どもたちによる桜の絵　　青空個展で展示された絵画／安田光一

拠点である「Bakery Café あうる」でもアートが広がっている。お客様から「窓が大きくて外から丸見えだから，落ち着かない」との声があり，ギャラリーの特色を生かして折り紙や色画用紙などを使ったボランティアによる「ウィンドーアート」が始まったのである。今では季

ウィンドーアート

節感を表現するだけでなく，正月やバレンタイン，ハロウィーンなどをデザイン化し，お客様からは「飾り付けの材料が必要なら言ってね」と賛辞をもらっている。駒込施設と地域のつながりをきっかけに，自然と声をかけ合える関係づくりへと広がってきている。

　平成24年7月には，豊島区の染井銀座商店街と北区のしもふり商店街がアートでつながり，全46作品が展示される運びとなった。

染まる

　「ふれあいアートストリート」と「Bakery Café あうる」が誕生したことによるエピソードには枚挙にいとまがない。その一つに，駒込施設の重度障害者が絵画の点検を兼ねて清掃に回っており，お店の人から「いつもご苦労様，ありがとう」と声をかけられようになった。今までは利用者が商店街を歩いても声をかけられることはなかったが，絵画に携わる仕事をきっかけに会話が生まれ，地域の人に喜ばれ，褒められるようになり，利用者の悦びとなっていったのである。

　また，「Bakery Café あうる」を利用したお客様が「コミュニケーションが苦

絵を拭いている様子

駒込・ふれあいアートストリート　157

手でも，こんなすてきな絵を描くのね。障害者に対する考え方が変わった」と，また「優しさや力強さを受けた」「感激，感動を覚えた」などの感想をいただいた。

　障害者に対する偏見や無理解，差別は，まだまだ少なからずある。それらをなくしていくためには，障害者理解が不可欠であり，障害者の社会参加は大きな役割を担う。福祉施設と近隣住民の関係づくりは様々な地域で課題となっており，駒込地域も例外ではなかったが，絵画を通して関係性が深まっている。「ふれあいアートストリート」の名の通り，まさに人々の「ふれあい」がここにはある。障害者が地域に溶け込める街。地域がアートを通じて感動を覚える街。これを誇りとして「ふれあいアートストリート」と「Bakery Café あうる」がさらに発展をし，障害がある人もない人も，共に住み，共に働き，共に暮らす，心のユニバーサルデザイン，インクルーシブな街として誇れる我が街，ふるさと駒込染井を築いていきたいと思うのである。

資料
図画工作・美術の具体的内容

参考：具体的内容の1，2，3は小学部の各教科の各段階の内容に，4は中学部の各教科の内容に，5，6は高等部の各教科の各段階の内容に相当するものとして設定した。具体的内容を使用する際には，部や段階にとらわれず，児童生徒の実態に合わせ，必要な内容を選択することが大切である。

吉田昌義・大南英明編「特別支援学校（知的障害）特別支援学級（知的障害）の指導内容表―各教科の具体的内容―」平成24年より

図画工作・美術

	第1段階	第2段階	第3段階	第4段階	第5段階	第6段階
表現	1 手の運動を楽しむ。 ・なぐりがきやぬりたくりで手の運動をたくさんする。 2 クレヨン、パスなどを使って好きな色で思いのままにかいて遊ぶ。 ・描いた線に意味(名前)をつける。いろいろな線をたくさん描く。 3 土、砂、粘土などに親しみ、それらをもとに体全体で自由に遊ぶ。	1 体験したことや身近なものの形や色に着目してかく。 2 表したいものを、水彩絵の具などを使って形や色に関心をよせてかく。 ・色鉛筆やマジックでも描く。 3 身近な道具で粘土を切ったり、筋をつけたり、穴をあけたりする。	絵画 1 かきたいものを、よく見てかく。 ・観察画(木や花のスケッチをしながらモデルをよく見て描く)。 2 絵の主題を決めて、絵の具で重ね色などを工夫して表す。 ・水彩絵の具で色、混色などを工夫して表す。 粘土 陶芸 3 粘土でひもや板を作り、積んだり並べたりして簡単な器を作る。	1 見たこと、感じたこと、考えたことなどを絵にかく。 ・経験画(運動会、学芸会など経験したことを思い出して描く)。 1 自然の背景や身のまわりの事物をよく見て、絵の具の性質を生かして絵にかく。 ・アクリル絵の具を使って厚塗りなどの技法を使い描く。 彫塑 彫刻 3 粘土で器物を成形し、必要に応じて焼成する。	1 見たこと、感じたこと、考えたことなどを工夫して絵にかく。 ・部分や全体、形や色の関係を考えて絵で描く。 2 粘土で、飾るものや使うものを成型し、焼成する。 ・デザインして自由に作る。	1 見たこと、感じたこと、考えたことなどを画材や技法を工夫して絵にかく。 ・主題を決め構図を工夫して描く。 2 様々な技法や制作意図に応じた釉薬を選ぶなどして、粘土の作品を作る。

・土や砂、粘土の触感を楽しむ。	4 粘土などを使って、自分で表したいものを作る。・粘土で顔や動物、乗り物など立体になど立体を作る。ならなくて良いので自由に作る。	・ひもづくりの技法で簡単な器を作る。4 粘土などで、作ろうとするものの感じが出るように作る。・ピーマンやリンゴなど野菜や果物の感じが出るようにつくる。	4 粘土などで、動物や人、乗り物、建物などの特徴をとらえて立体表現する。・鳥や動物の生きている感じがでるように作る。・人が動いている、運動している感じがでるように作る。	分や家族が生活に使うものを作る。3 表現したいものを、いろいろな材料の特性を生かし、立体で作る。・針金で作る。・石膏じか付けで作る。	・機能や材料の特性を生かし、機能美を考えて作る。3 表現したいものに適した材料を選び、様々な工夫を加えて、立体に表す。・木彫を作る。・石彫を作る。・レリーフを作る。
・泥などをこねたり、くっつけたりして遊ぶ。 5 土や砂などに線を引いたり、形を作ったりして遊ぶ。 6 粘土をのばしたり、ちぎったり、まるめたりしながら簡単な形を作って遊ぶ。・小麦粉粘土で遊ぶ。					

表現

161 図画工作・美術の具体的内容

		第1段階	第2段階	第3段階	第4段階	第5段階	第6段階
表	現	7 身近にあるものの形をもとにして、手形や足形で遊ぶ。	5 木の葉、野菜などの自然物や身近な器物の形を押して版画にする。	5 紙や粘土、その他扱いやすい材料で、版を作り、版画にする。・平易な紙版画や粘土の版や発泡スチロールに油性マジックを使って版をつくり版画にする。	5 彫刻刀を使ってリノリューム版やゴム版など、版を作り、版画にする。・版画の技法や凸版の技法で版画を作る。	4 木版を主として、計画を立て、版を作り、版画にする。・一版多色版画や多版多色の技法を使い版画を作る。	4 彫刻刀の種類の特性を生かして、版を作り、様々な技法で版画を製作したりする。・凸版、凹版、孔版、平版の技法を理解しドライポイントやシルクスクリーン、石版画で版画を作る。
		身近にあるものから形や色を自由にもって遊ぶ。・色木遊びをする。	6 いろいろな形や色を使って、自由に組み合わせたり、組み立てたりする。	6 いろいろな形や色、材質の違いを生かして表す。・布に染色をする。・革工作をする。	6 形の対称や繰り返しのリズムなどの面白さに気づき、工夫して表現する。	5 目的や用途に合わせ、形や色などの組み合わせを工夫して、作ったり、飾ったりする。	5 目的や用途に合わせ、形や色などの組み合わせを適切にして、作ったり、飾ったりする。
		9 身近にあるものから同じ形や色を集めたり、並べたりして遊ぶ。	7 基本的な形や色が分かる。	7 形や色の組み合わせによる感じや、形や色の違いに気付き、工夫して表す。	7 色合いの違い、色の寒暖などが分かり、色の組み合わせを工夫して表現する。	6 目的や条件に応じて、材料や用具を選び、計画を立て、工夫しながら表現する。	6 目的や条件に応じて、材料や計画にそって適切に表現する。
				伝える。生活を楽しくする。目的に合わせてデザインする			

10 基本的な2、3の色の名が分かる。	8 身のまわりや教室の飾りをする。・七夕飾りやクリスマスの飾りを作る。	8 伝えたいことがよく分かるように、色や形を使って表す。	8 知らせる内容や色や形の組み合わせを工夫して表現する。・行事のポスターを作る。	7 金属、プラスチック、その他の種類の造形素材の性質を生かして表現する。	7 造形素材の種類や性質を生かし、自分の思いをこめた表現をする。
11 草花、木の葉、小石などを集めたり分けたり、並べたりして遊ぶ。・ドングリや木の実を拾ってきて並べる。		9 紙や木、針金、ゴムなど身近な材料で、簡単な動くおもちゃなどを作って遊ぶ。・紙飛行機、風、ブーメラン等を作って飛ばす。	9 形や色、素材のつり合いを感じとって、見通しをもって表現する。	8 木材などで日用品や模型などを作る。・箸、スプーン、フォークを作る。	8 コンピュータを使って絵やポスターを書いたり、作品を見せ合ったりする。・ソフトやマウスを使って絵や文字を書く。
12 自分の好きな色、絵などを選んで集めたり、貼ったり、飾ったりする。			10 作ろうとするものを、絵や図にかいたり、見通しをもって作る。	9 簡単な見取り図や展開図の見方やかき方を理解して、順序よく作る。	9 作りたいものを完成図や製作工程表にして、友達と協力して正確に作る。・一点透視図法や二点透視図法で作品を作る。
13 紙や布などをちぎったり、丸めたり、はったり、つないだりして遊ぶ。					

表現

図画工作・美術の具体的内容　163

	第1段階	第2段階	第3段階	第4段階	第5段階	第6段階
表現	14 積み木などで、いろいろな形を作ったり、くずしたりして遊ぶ。 15 紙類などをちぎったり、折ったり、切ったり、つないだりして遊ぶ。		10 行事などに使う飾りや道具などを、いろいろな材料で、仲良く協力して作る。 ・看板、大道具、小道具を作る。			
材料・用具		9 包装紙、アルミ箔、空き缶など身近な材料を使って、自由な表現をする。 10 はさみやのりを使って、はり絵やエ作をする。 ・はさみを安全に使い、いろいろな形に切り好きなところにはる。	11 げんのう、こぎり、きり、ペンチ、小刀などを使っていろいろなものを作る。 ・刃物を安全に使う簡単な木工をする。 12 身近ないろいろな材料や用具	11 木や竹、ブラスチックなどいろいろな素材の性質を考えて、使えるものを作る。	10 工具や機械などの正しい扱い方を理解し、簡単な手入れをする。 11 いろいろな工具や機械	10 木材などの材質や特性を生かして、日常生活で使えるものを作る。 11 道具を安全な扱い方を知り、簡単な部品交換などをする。 12 電動工具類を安全に使用し

164 資料

				鑑　賞		
材料・用具	16 自分の作品を教師に見せる。		を準備したり、後かたづけをしたりする。		類を素材の特性にあわせて活用する。	で、木材やプラスチックなどを正確に加工する。
			11 自分の作品や友達の作品を見せ合う。	12 ニスやエナメルなどを使用して、工作物を仕上げる。	12 塗装の初歩的技術を理解して活用する。	13 材料や使途に応じた塗装の技術や道具類の管理保管を適切にする。
			12 自分の作品を大切にする。 ・ポートフォリオ等に保管する。			
鑑　賞		13 自分と友達の作品の表し方の違いに関心をもって見る。		13 身近にある造形品を見たり、使ったりして、そのよさに気づく。	13 身近にある造形品を見たり、形を見たり、使ったりして、そのよさや働きを理解する。	14 地域の伝統工芸品を知り、使ったり、飾ったりする。
		14 美しい自然や造形品に関心をもつ。		14 自然の風景やすぐれた造形品などの美しさを味わう。	14 我が国や諸外国の親しみのある美術作品などのよさや美しさに関心をもって鑑賞する。 ・鑑賞スライドを見て気に入った作品の良いところを発表する。	15 美術館や博物館など様々な美術作品などを鑑賞したり、表現方法を知ったりする。 ・自分の好きな作品を選んで模写をする。
		15 自分や友達の作品を大切にする。				

図画工作・美術の具体的内容　165

◆執筆者一覧

【監修者】

大南　英明	全国特別支援教育推進連盟理事長	
	（元文部省初等中等教育局特殊教育課教科調査官）	
吉田　昌義	聖学院大学教授	
	（元文部省初等中等教育局特殊教育課教科調査官）	
石塚　謙二	大阪府豊能町教育委員会教育長	
	（前文部科学省初等中等教育局特別支援教育課特別支援教育調査官）	

【編　者】

全国特別支援学級設置学校長協会
全国特別支援学校知的障害教育校長会

【執筆者】（執筆順。所属は平成25年6月現在）

大南　英明	前掲
谷地美奈子	弘前大学教育学部附属特別支援学校教諭
金井　桂子	東京都立久我山青光学園主任教諭
木村　千里	山梨県立かえで支援学校教諭
高橋めぐみ	高知大学教育学部附属特別支援学校教諭
田中真以子	石川県立明和特別支援学校教諭
荒川　鉄也	兵庫県立西はりま特別支援学校教諭
山末　隆	北海道小樽高等支援学校教諭
大胡　玲子	千葉県富津市立竹岡小学校教諭
寺内　雅之	埼玉県鴻巣市立鴻巣東小学校教諭
加藤　守昭	神奈川県横浜市立鴨居小学校主幹教諭

佐々木光子	東京都八王子市立愛宕小学校主任教諭
神藤　晃	群馬県太田市立旭小学校教諭
伊藤　智弘	東京都調布市立八雲台小学校主任教諭
石川　基樹	北海道札幌市立篠路中学校教諭
川綱　拓美	宮城県石巻市立住吉中学校教諭
渡海　玲子	大分県大分市立大在中学校教諭
山本　真理	愛媛県松山市立雄郡小学校教諭
山田　貴之	東京都中野区立第七中学校主幹教諭
伊澤　藍	京都府京都市立白河総合支援学校常勤講師
岡　浩子	高知県高知市立養護学校教諭
大野　正志	東京都立永福学園非常勤教諭
中野　雅義	東京都豊島区立駒込生活実習所・福祉作業所所長

「改訂版　障害のある子どものための」シリーズ5

改訂版　障害のある子どものための図画工作・美術

2013（平成25）年9月8日　初版第1刷発行

監修者：大南　英明
　　　　吉田　昌義
　　　　石塚　謙二
編　者：全国特別支援学級設置学校長協会
　　　　全国特別支援学校知的障害教育校長会
発行者：錦織　圭之介
発行所：株式会社東洋館出版社
　　　　〒113-0021　東京都文京区本駒込5丁目16番7号
　　　　営業部　電話03-3823-9206　FAX03-3823-9208
　　　　編集部　電話03-3823-9207　FAX03-3823-9209
　　　　振替　00180-7-96823
　　　　URL　http://www.toyokan.co.jp
印刷・製本：藤原印刷株式会社

ISBN978-4-491-02975-7　　　　　　　　　　　　　　　Printed in Japan